包政管理经典

企业的本质

包政 —— 著

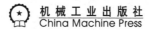
机械工业出版社
China Machine Press

图书在版编目（CIP）数据

企业的本质 / 包政著 . —北京：机械工业出版社，2018.4（2022.11 重印）
（包政管理经典）

ISBN 978-7-111-59485-7

I. 企⋯　II. 包⋯　III. 企业管理　IV. F272

中国版本图书馆 CIP 数据核字（2018）第 052339 号

本书主要阐述了成功企业必须遵循的基本逻辑，用中国传统语言来讲，就是"道"，企业经营的商道、企业成功的大道。一家企业只有在"道"上，才能展开各种竞争策略，否则，即使偶尔赚到点钱，也是不可持续的。企业家、企业老板及企业当局，只有把握了企业的这种内在规定性，才有可能把企业带向成功。

企业的本质

出版发行：机械工业出版社（北京市西城区百万庄大街 22 号　邮政编码：100037）	
责任编辑：刘新艳	责任校对：殷　虹
印　　刷：三河市宏达印刷有限公司	版　　次：2022 年 11 月第 1 版第 4 次印刷
开　　本：170mm×230mm　1/16	印　　张：13.25
书　　号：ISBN 978-7-111-59485-7	定　　价：59.00 元

客服电话：(010) 88361066　68326294

版权所有 • 侵权必究
封底无防伪标均为盗版

前言

企业是什么

人们习惯于把企业当作一个组织,把社会各类机构当作一个组织。

巴纳德就是这样,把组织当作企业的一个抽象形态,于是就有了组织理论,一种与斯密不一样的理论,即分工理论。于是,分工与组织就分为两个不同的研究领域。后来有了组织行为学,学者纷至沓来,前呼后拥,彻底把组织研究领域独立了出来。

尽管德鲁克是集大成者,也没有把两者统一起来,说分工是实现社会目标的有效工具,组织也是实现社会目标的有效工具,意思是,分工是分工,组织是组织,两者是不同的工具。德鲁克还认为,管理是组织的一个器官,或者说,管理是组织的一个职能。这似乎与分工没有什么关系。

法约尔似乎感觉到了，企业作为一个整体应该包括分工。因此，他的14项管理原则中的第一项就是分工原则。

西蒙好像也感觉到了什么，认为产业社会的再生产循环不是计划经济，也不是市场经济，而是组织经济。言下之意，计划与市场只是实现组织经济的手段。用中国学者的话说，就是计划或市场的调节手段。

我认为，企业的抽象形态应该是分工一体化的关系体系，管理支撑的是分工一体化的关系体系，或者说，管理是分工一体化的关系体系的一项职能。管理职能的作用是，使分工一体化关系体系的效能充分发挥出来。

分工之后的一体化就是组织，或者说，在分工基础上实现一体化就是组织。因此，管理是企业分工与组织体系的一项职能。

如何在分工的基础上构建一个整体，不只是组织的命题，更是分工一体化的命题，而不是管理的命题。

我想强调的是，不能用管理的手段来实现分工之后的一体化。管理只能在分工一体化关系体系的基础上进行，使这个体系的效能充分发挥出来。

对一个企业而言，分工一体化至少涉及六个命题。这就构成了本书的六章。这六章是必要的，但不是充分的。这六章可以帮助企业完成思考，构建自己的事业理论。

本书的主要观点，来自我本人多年的思考、研究和辅导企业的积淀。

本书的主要目的是，打通分工与组织的关系。分工与组织相互依存、相互作用。诚如古人所云，阴在阳之内，不在阳之对。孤阴不生，独阳不长。

把分工与组织联系起来思考有可能颠覆我们以往的思维，打开理论联系实际的通路，重构企业的知识体系。

千百年来，中国人只有生意经，没有商业理论。中国人的商业理论应该从这里开始。

包　政
2018年2月16日

目　录

前言　企业是什么

第 1 章　企业的性质 / 1
　　1　产业社会中的企业 / 3
　　2　家庭社会的共同体 / 5
　　3　产业社会的功能 / 8
　　4　企业共同体的缺失 / 10
　　5　产业社会的动荡 / 13
　　6　产业社会的制度选择 / 15
　　7　制度选择上的偏颇 / 18
　　8　分工一体化 / 21
　　9　回归天道 / 24
　　思考题 / 28

第 2 章　企业的宗旨 / 29

1　企业的存在价值 / 31
2　"三喜欢"原则 / 34
3　企业的顾客原则 / 37
4　顾客原则的未来 / 40
5　企业的员工原则 / 43
6　合作者原则 / 47
7　资本所有者关系 / 53
思考题 / 54

第 3 章　企业的使命 / 55

1　创业家的使命感 / 57
2　感召事业伙伴 / 60
3　社会的责任 / 63
4　社会的角色 / 67
5　企业的利润 / 70
6　企业的文化 / 75
7　企业共同体 / 80
思考题 / 84

第 4 章　企业的战略 / 85

1　在长处上做文章 / 87
2　努力找到顾客 / 90
3　战略的核心内容 / 94
4　战略的任务 / 97

5 产品经营模式 / 102
　　6 丰田的故事 / 105
　　7 企业经营模式 / 108
　　8 西尔斯的故事 / 111
　　9 产业经营模式 / 113
　　思考题 / 116

第 5 章　企业的结构 / 117

　　1 三条价值链 / 119
　　2 产品的供应链 / 123
　　3 产品的研发链 / 125
　　4 顾客的关系链 / 128
　　5 IBM 公司的故事 / 130
　　6 部门结构的流程化 / 133
　　7 扁平化的结构 / 137
　　8 事业部制的结构 / 140
　　思考题 / 143

第 6 章　企业的机能 / 145

　　1 三项机能及其关系 / 148
　　2 人本主义的生产方式 / 154
　　3 机能发育的起点 / 156
　　4 确立政治机能 / 159
　　5 梅奥的治理经验 / 163
　　6 健全社会机能 / 167
　　7 员工的归类 / 170

  8 强化经济机能 /172
  思考题 /175

思考题答案 /176

后记 /199

参考文献 /201

第1章
企业的性质

过去认为，企业是一个经济机构，它的存在价值，是通过有效配置资源来谋求利润，至少经济学是这么认为的，但这是误判。从企业诞生之日起，从工厂制代替家庭手工业作坊之日起，企业在改变社会形态与性质的同时获得了自身的性质，企业是产业社会正常运行的一个机构。

以往的工业化历程改变了这一切，包括企业的性质。面对时代的更替，我们需要深刻反思，回到事实层面上，回到历史开始的地方，合乎历史逻辑地进行思考，打开通向未来的大门。

1
产业社会中的企业

过去是家庭社会,现在是产业社会或工业社会。这种改变的根本原因是,企业代替了家庭,成了一个社会的主体。

工业化以机器代替人力,产生了现代工业企业。现代工业企业以更高的效能,动摇并摧毁了家庭经济基础,瓦解了以家庭为单位的社会,即家庭社会,形成了以企业为单位的社会,即产业社会。

尽管现代产业社会是由企业及一系列机构组成的,德鲁克称之为机构型的社会,但是真正导致社会形态及性质发生改变的,是工业化的企业。企业是一系列机构的主体,是产业社会的基础。

企业的性质由此确定,即取代家庭的地位,成为支撑产业社会正常运行的基础。这就决定了企业不是一个营利机构或经济机构,至少首先不是这样一种机构。

企业作为产业社会的主体，其性质不是由企业自己定义的，而是由社会的性质及形态决定的，当然，最终还是由社会性的制度安排决定的，关键在于社会在做出制度性安排与选择的时候，必须充分理解企业固有的性质。

西北欧在崛起的时候，强调的是资本主义精神，鼓励工商业者发财致富。其背后的价值立场是：贫穷落后，落后挨打。因此，在社会性制度安排的时候，抹杀了企业的性质，把企业说成是一个经济机构，是经济领域的一个组织机构。代表人物是经济学家米尔顿·弗里德曼。

人类经过两次世界大战才真正意识到，经济的自由并没有带来社会的公平与政治的民主。痛定思痛，这才有了真正意义上的反思，有了德鲁克这样的思想家。

德鲁克认为，产业社会要想正常运行，关键在于企业，在于企业能否承担起社会责任。

2
家庭社会的共同体

在家庭社会,人们强调休养生息、安居乐业。家庭也就被制度化为一个共同体。

中国古代的圣哲非常明白家庭固有的性质,懂得稳定家庭对于稳定社会的重要性。因此,他们会用一系列的制度与规范教化黎民百姓,使家庭成为理所当然的共同体。同时,在婚姻和财产的基础上,不断赋予家庭更多的内涵、更多的社会责任与功能,包括经济、教育、政治、道德、法律、文化、艺术、技术、新知、医疗、健康、环保、安防乃至军事,等等,以支撑一个社会的正常运行。

随着家庭经济的动摇和瓦解,家庭中的社会责任和功能,转移到了工商企业或各类机构之中,形成了现代产业社会,德鲁克称之为"功能型的社会"。家庭作为一种共同体的存在形态,随着责任与功能的逐渐流失,在社会中的地位日渐式微,家庭社会也就让位于产业社会。

企业的性质由此而确定，企业不只是一个单纯的营利机构，企业必须为社会的正常运行提供功能与价值，必须对社会的稳定发展承担责任，所谓对员工、对社区和对社会所产生的影响承担责任。

企业在经济领域从事的活动，不会因商业交易的结束而结束，其影响会持续地扩展开来，扩展到未来，扩展到社会领域。企业必须对这些影响，以及可能的后果承担责任。这就是德鲁克所说的社会责任。

即便在雇用劳动的条件下，企业雇用的也不是劳动力，而是一个个活生生的人，他们有生存和发展的内在需求；他们需要恋爱、婚姻、家庭；他们的青春年华或职业生涯会在企业及各类机构中度过，然后衰老死亡。企业必须为他们承担责任，这是真正意义上的社会责任。

在家庭社会条件下，这一切都由家庭共同体来承担，并发展出了一套制度与伦理规则，如孝敬父母、尊老爱幼，等等。

进入产业社会以后，家庭作为一种共同体，自身的稳定性越来越弱，这与家庭功能弱化密切相关。这部分社会责任自然要落在企业及各类机构身上。

作为产业社会的基本单元，企业如果不稳定，或者不愿意承担这方面的责任，诸如收入保障、就业保障、劳动保护、转职与离职的补偿、安全退养、教育与培训、道德教化、社会身份与地位，等等，那么整个社会也不会稳定。

事实也是这样，整个工业化的历史充满着动荡与战争。而且，现代战争的手段及组织起来的方式和管理方式也极为工业化。现如今，全人类正面临着核战争的威胁，并承受着环境恶化的工业化后果。

这一切都源自我们对企业性质的误读和不理解，人为地把经济领域和社会领域割裂开来，强调企业以盈利为目的，企业的目的就是利润最大化。并且，通过强调经济领域的独立与自由，来减免企业理应承担的社会责任，尤其是在自然资源和人力资源的获取与使用上的社会责任。在某些状况下，在某种可预见的结果上，这已经不是令人担忧，而是令人恐惧的事情了。

3
产业社会的功能

与在自给自足基础上发展起来的家庭社会不一样，产业社会始于"自觉应用分工"的手段，由此形成了专业化分工的逻辑及态势。沿着这个发展的逻辑，形成了互为供求的一体化关系体系，这就是现代社会或功能型社会的特征。

在这种社会形态下，除了政府控制的一部分公共资源之外，各种需求的满足都是各类机构提供的，每个机构按照自主经营、自负盈亏的规则，自我约束、自我发展，维护着各自的需求者或顾客。

这种社会形态的交换性、经济性与竞争性特性，突出地显现出来了。可以说，社会的每一个成员都是一个供应者，人们不再为自己的消费而生产，而为他人的需求而供应，为获取更多的利润而供应。

产业社会的本质特征就是产业的社会化与社会化的产业。产业社会的基本写照是，每个企业都在寻求更多的交换机会，获取更多的交换利益。这与新教伦理是一致的，即生活的主旋律就是挣钱。因此，这种社会还有一个称谓——金钱社会。

为了使产业社会持续发展，任何一个供应者都必须在利润之上有更高的追求。否则，这个社会就会退回到原始状态，退回到弱肉强食的丛林状态。最终的结果一定是难以为继，共同承受灾难性的后果。

在第二次世界大战（简称"二战"）期间，纳粹德国在隆隆的炮声中节节胜利，很多人对未来感到悲观失望。德鲁克认为，这只是历史的表象，战争之后就是和平。人类之所以能历经万年繁衍到今天，就在于灵魂中的良知和良心。他要赶在和平之前，为产业社会的制度建设提供恰当的理论依据，以免人类社会陷入万劫不复的灾难之中。

我们必须重新定义企业的经济原则，重新定义效率和效益的原则，必须给这些经济原则赋予更积极的社会意义，使之成为一个企业的最高准则，成为企业经营的哲学，使一个企业一开始就能建立在不言而喻的真理基础上，建立在社会性的正念基础上。

这些正念不只是道德规范，而且是一个企业必须遵循的社会与经济准则，是在制度性安排下的准则，是有制度保障的准则，是任何企业都不可违背的准则。

4
企业共同体的缺失

从家庭社会转向产业社会，社会的结构并没有改变，依然是三位一体。改变的只是社会的形态。

家庭社会三位一体的结构是家庭成员、家庭与社会，产业社会三位一体的结构是企业职工、企业与社会。在这种三位一体的社会结构下，除了明星或公众人物，任何人都不可能直接与他人产生连接或联系。过去我们依附于家庭，现在我们只能依附于企业或其他各类机构。

在家庭社会下，每个人在乎的是自己的姓氏、宗族与祖籍。东方人似乎更在乎名分、家庭背景或门第。在产业社会下，每个人强调的是出生地和工作单位，以及在工作单位的职位。西方人似乎更在乎职位与履职经历或职业背景。

在产业社会条件下，企业必须给每一个员工以身份和地位，提高每一个员工的社会身份和地位。因此,企业必须努力提高自己在产业社会中的声望,以及在产业联系中的地位。同时,为员工提供工作和生活上的保障。

说白了,每一个员工真正需要的是,弄清楚自己和企业的关系,明确自己在企业中的名分与身份;弄清楚企业以人为本的真实内涵。

稻盛和夫是在二战后创造过两个世界级公司的人,他强调,企业永远是员工生活的保障和心灵的归宿,保障每一个员工做人的尊严,并努力帮助员工过上体面、健康、快乐的生活。

在工业化以后相当长的一段历史时期,人们并不知道这一切,不知道要在分工一体化的关系体系基础上,把企业建成一个共同体,把劳工变成员工,变成共同体的成员。

相反,劳工被当作生产力的要素,当作出卖劳动力的人,当作被雇用的人。当企业外部的竞争压力加大,资金利润率下降,企业就开始克扣劳工的工资,延长劳工的作业时间。当这一切成为普遍现象的时候,就不再是一个经济问题了,而是一个社会问题,一个产业社会的问题了。

作为一个经济问题,人们一直认为资方与劳方是买卖关系,双方都是自由的缔约人,一方出卖劳动力,另一方让渡工资。对资方来说,这是愿买愿卖的事情。如果劳方不愿意,可以到别的地方去,或回家去,回自己的老家去。

作为一个社会问题，人们必须看到失业大军的存在，劳方没有讨价还价的谈判地位。再说了，他们无家可归，家庭经济已经被破坏。失业大军的存在表明家庭经济已经被破坏。

作为一个社会问题，强调的是社会公平与公正，劳工不应该被盘剥。劳工作为自由缔约人，不应该仅仅获得工资，还应该参与利润的分享，至少应该享受一个小商贩的待遇——卖出去一个烧饼，收回的不仅仅是工料费，还有利润。

尽管资方向劳方支付了工资，但是工资只是劳动力再生产的成本，有时甚至只是劳动力简单再生产的成本。

盘剥劳工使产业社会难以为继，表现为有支付能力的需求不足，产能和产品过剩、贫富差距拉大，等等。

继而，各种以钱生钱的行为和生财之道的学说应运而生。美其名曰创新，应用资本集聚和集中的杠杆进行创新，从而使产业社会的一切变得扑朔迷离。人们不禁感叹，产业社会的生活怎么这么难！

另外，当时劳工的平均寿命很低，低于封建家庭的仆人。仆人作为家庭财产——一种特殊的财产，受到了家庭及主人的保护。

5
产业社会的动荡

大约在1850年前后，在美国和加拿大，产业社会开始动荡，史称"闹工潮"。劳工确实没有回家，而是团结起来展开罢工。他们有两点诉求：8小时工作制和最低工资标准。

8小时工作制是欧文提出来的。每个人每天有24小时，8小时用来工作，8小时用来享受生活，8小时用来睡觉，合情合理。据说，当时北美修铁路工人的工作时间长达14小时。

美国人很聪明，他们不希望社会动荡引起社会革命。历史的经验告诉我们，自上而下的是变革，自下而上的是革命或动乱。美国毅然决然地颁布了《劳工法》，不仅支持8小时工作制和最低工资标准，而且在法律上承认工会是合法组织，允许工人自由缔结自己的组织，即工会。

工会不是政治组织，只是一个社团组织，严格限制工会在政治领域乃至社会领域中的诉求是明智的选择，必须防止这类组织的政治化和黑社会化。

这一点反过来也告诉我们，企业必须承担社会责任，构建一个共同体，给员工以归属、身份与地位，不能把他们当作资源要素、劳动力、打工仔或佣工，不能使他们处在社会的边缘，处在被社会放逐的险境，成为无人生追求、无社会责任意识，乃至仇恨社会的群体。有人把这种群体称为盲流，并担心盲流变流氓。《乌合之众》这本书告诉我们，乌合之众是一种很可怕的社会力量，往往会被别有用心者所利用，用来改朝换代或制造社会动乱，纳粹德国就是典型的例子。

就这样，美国社会成功地培育了一种力量，一种抗衡资方的劳方力量。这是一种社会性制度的创新，在劳方和资方之间构建了对立统一的关系，这种对立统一的关系一直延续到今天。有意思的是，在美国，原本弱势的劳方，现如今已经成为一个强势群体。

这种对立统一的关系，这种劳方和资方相互依存和相互作用的关系，形成了一道有效的防火墙，防止企业中的利益冲突转化为社会的动荡，并且依靠经济权力的制衡来缓解企业内部利益的冲突。

6
产业社会的制度选择

如果我们相信经济领域是一个社会的基础,那么这里就有一个问题:没有经济领域中的共和[一],没有企业的共同体,哪来的社会领域的共和呢?这便是德鲁克进入通用汽车公司进行调研的原因。他花了很大的精力,想说服工会领导人与资方结成相互依存、相互作用的合作伙伴关系。他相信,产业社会正常运行的要害在于企业,在于企业中各种利益关系的协调平衡,在于企业中各个利益主体之间的对立统一。

也就是说,如果企业不能走向共和,不能结成对立统一的共同体,那么就很难持续稳定地发展,进而产业社会也就很难持续稳定地发展,甚至引发产业社会的动荡。众所周知,这是理所当然的事,但在既定的产业格局下,扭转乾坤谈何容易。一种社会性的制度安排一旦形成格局,就很难逆转,所谓浩浩荡荡,顺之者昌,逆之者

[一] 这里借用"共和"这个词,表达这样的意思:企业作为一个社会不能由一个人说了算,必须自上而下确立权力的制衡结构,形成企业的管理制度及其治理结构。

亡。后续的各种努力，包括管理学的发展，都只是一种制度性的修补而已。

在工业化之初，人们选择了亚当·斯密的《国富论》作为社会性制度安排的依据。斯密认为，国民财富的增长取决于两个条件：分工与交换。具言之，通过深化企业内部的劳动分工来提高劳动生产率，同时，促进企业之间的社会分工，拓展市场交换的空间范围。只要持续这个过程，国民财富自然会增长起来。因此，斯密的理论也就被称为分工理论，或自由贸易理论。

分工理论开启了人类的财智，成为经世济民的理论即经济学。英国率先展开了社会实践，并做出了制度安排，鼓励有胆识的工商业者突破旧制度体系的束缚，获取资本，租用土地，雇用劳工，创办工厂，开发实业。

按照分工理论，劳动者自然成了劳动力，成了生产要素，这种状况至今没有根本改变。工厂主以及后来的企业当局成了配置生产要素资源的人，企业就是配置资源的场所。分工一体化的事情，从那个时候或从一开始就已经消失了。

分工的细化和工厂规模的不断扩大，为工具的改良、机器的发明和应用，以及动力的导入创造了条件，从而开启了"以机器代替人力"的工业化大门。英国迅速崛起，成为世界的制造工厂。

这一连串的事件强化了资本的作用，加上规模经济的概念，即增加资本的投入量就可以增加利润,强化了资本所有者在企业中的地位,促进了工厂制向公司制的转变,确立了资本主义的生产方式。

在这种生产方式下,企业当局以及背后的资本所有者,主导着资源配置及权力,包括分工和分利的权力,从而彻底否定了劳动者的存在,否定了分工一体化关系体系,以及企业共同体的存在。

7
制度选择上的偏颇

把劳动力当作商品和生产要素，这是人为的创造和发明，是社会性制度安排的需要，不是事物本来的面目。

企业当局可以通过让渡利息和地租来获得资本和土地的使用权，然而，不可能通过让渡工资来获得劳动力的使用权。劳动者始终没有让渡过劳动力的使用权，始终是自己劳动力的使用者。

不能把资本和土地与劳动力并列在一起，称为生产的三要素。这一点斯密也很清楚，他认为一个人可以把一匹马牵到河边，但绝不可能让马按人的想法喝水。西蒙也讲过类似的话，牛有牛的计划，人有人的计划。牛顽固地执行自己的计划，最终会使人的计划破产。

资本主义的实践是很功利的，为了最大限度地获取财富，任性地沿着制度开辟的道路往前走。

至于分工之后如何变成一个整体，自然就落到了企业实践者的头上。开始是效率工程师，后来是科学管理工作者。

阴差阳错，无论是管理这个称谓的来历，还是管理所要做的事情，都与资本主义制度安排的缺陷直接相关。或者说，管理的产生是无奈之举，用以弥补制度上的缺陷，解决分工之后的一体化难题。

值得一提的是，早在文艺复兴时期，西方社会就已经提出了个性解放和思想解放的命题。然而，在企业中，个性解放以及一体化关系体系即组织命题的提出，是20世纪20年代以后的事，思想的代表人物是狄德。真可谓理想和现实是背离的，这种背离超出了人们的想象，晚了好几百年。

科学管理工作者能做的事情，就是沿着经济学的思想继续往前走，遵循劳动生产效率的原则，不断地深化劳动分工，不断地把复杂劳动变成简单操作，把劳动者变成机器的附属，变成可以管控的生产要素，变成真正意义上的劳动力商品。由此确立了企业当局的权威地位，实现了管理的专制。这种企业的效能毋庸置疑，所向披靡，可以置疑的是它的扩张性和掠夺性。看看当年的秦朝就明白了，六国视秦军为虎狼，望风而逃。然而，一将功成万骨枯，其兴也勃焉，其亡也忽焉。

在这种生产方式下，分工一体化的关系体系或企业共同体成为多余。在不考虑产业社会正常运行的要求下，事情更是这样，完全是一种多余。劳动者之间的关系，变成了物品的公差配合关系。通过物品在工序中的传递，实现劳动者之间的共同劳动。同时，通过计件工资制，鞭策每一个劳动者有效释放自己的劳动力，实现对每个劳动者的利益分配，平衡劳动者之间的利益关系。

当年的科学管理工作者，以及亨利·福特所做的事情，100多年以后，今天的企业依然继续在做，可见社会制度的惯性有多强。

诸多管理工作者，还有诸多管理专家与学者，依然在历史的延长线上奋力前行，弥补着资本主义制度的缺陷，并发展出一套又一套的学说和方法，把泰勒的差别计件工资制变成了绩效工资制；把泰勒的工时定额变成了关键绩效指标KPI；把泰勒提出的"整分合"原理应用到了知识劳动为主体的工作体系之中，称为业务流程或IPD。

如果制度是一件衣服，那么管理就是衣服上的补丁。由于衣服上的漏洞是根本性的，是制度及理论本身造成的，不符合天道。因此，管理的补丁就越打越多，不仅作为制度的那件衣服面目全非，而且管理领域也变得面目全非，学说林立，莫衷一是。按照孔茨的说法，管理学进入了丛林。

8
分工一体化

任何理论和制度性安排都必须符合天道。存在也许是合理的，但如果不符合天道，不符合自然法则，那么这种合理性就是不可持久的、有限的、会过时的。理必须符合道，理必须是道的真实反映，可谓道理。

在自然状态下，"自然分工"是在一体化的关系体系中进行的。自然分工之后供求分离，供应者不再为自己的消费而生产。按需生产成为天经地义的事。

值得一提的是，业已存在的一体化关系体系、社区或共同体，存在的形态就是部落、村落或族群，为供求分离之后的供求一体化奠定了基础。在自然分工的状态下，按需生产、尊重消费者的需求是不言而喻的，是自然之必然的选择。

可是到了今天，在自觉分工的状态下，在脱离一体化关系下进行人为分工，生产的盲目性不可避免。按需生产变成了一种神圣的教义，被人到处贩卖。即便如此，很多企业依然做不到按需生产，根源是背后的产业逻辑及理论违背了自然法则，背离了天道。不是不知道，而是不能够。

在企业外部，由于社会分工之后没有依靠组织手段构建供求一体化的关系体系，加上规模经济以货币为媒介，在陌生人之间进行扩张性交易、量产量销，导致供求背离，所谓市场的失灵。

在企业内部，由于劳动分工之后没有形成劳动组织，并在劳动者之间构成良好的社会关系，构成一个共同体，因此只能借助于管理手段，按照功利的目标，把人的关系变成物的关系。最终结果是抑制个性，抑制劳动者的天赋、创造性和主动性的发挥。企业就成了营利性组织机构，也只能成为少数人或利益集团谋利的手段，而成不了全体劳动者共同体，成不了一个非营利性组织机构。

有意思的是，为了一己私利的营利性组织，往往始于挣钱，终于不挣钱，更有甚者，生于挣钱，死于挣钱。在1908～1927年福特挣了10亿美元，在1927～1946年福特赔光了这10亿美元，前后正好都是19年。

现在的企业越来越大，对产业社会的影响也会越来越大。企业的盛衰荣辱必然牵动产业社会的人心，成为产业社会不稳定的因素。退一步说，任何制度都有强大的约束和激励作用，如果它作用于短期功利目标，必然会使个性的发展失去平衡，使个体的生命发生扭曲。产业社会由此少了一份宁静和祥和，多了一份纠结和不安。

顺应天道，如稻盛和夫所说，敬天爱人，必须成为企业的哲学。人没那么大的神通，一旦做错，出现纰漏，就用若干个补丁去弥补，纰漏越来越大，补丁越打越多，欲盖弥彰，加上情景的因素，事情就更是这样，不可收拾。

如何顺应天道？正确的思维方式是，回到事实层面上，按照事实本来的历史逻辑追本溯源，回到事情开始的地方。

回到事情开始的地方，去窥视事情背后的秘密或法则，就是中国人说的道。但很少有人弄明白道是什么，连老子都不知道，面对浩瀚宇宙的时空，他只能感慨万千，说有一种东西先天地而存在，独立而不改，周行而不殆。我不知道它是什么，姑且称之为道。

人类不能忘乎所以，对独立存在的事物及其内在的自然法则要有足够的敬畏之心。即便不能把握形而上的道，也应该效仿形而下的器，效仿它外在的表现形态。

现在人们似乎明白了一点，意识到了人类社会的真谛，开始强调维持世界和平，保障每一个人生存和发展的权利，关爱环境乃至恩泽动物。这是一件好事，使我们可以仰望天空，一探究竟。

9
回归天道

回归天道,并不是回归弱肉强食的丛林时代,那个时候彼此抢的是肉,现在抢的是资源;也不是回归鸡犬之声相闻,老死不相往来的小农时代。

人类社会要回归的,不是时代,而是人性,回归人性中早已存在着的良知与良心,回归善良与祥和,使产业社会中的人不再那么空虚、焦虑和不安。

当我们把福特当作英雄的时候,却没有看到梅奥诊所的存在。这家公司已经经营了150年,成为今天美国首屈一指的医疗机构。

当我们把过去的产业逻辑当作理所当然的时候,却不知道梅奥诊所遵循的是另外一种产业逻辑,强调的是分工一体化的关系体系,而不是弱肉强食的丛林关系;强调的是企业的共同体及其社会属性,还有顾客或患者的体验,而不是企业的经济属性,以及功利目标或绩效指标。

按照德鲁克的观点,国民财富的源泉在于企业的创新和营销,在于技术的进步,并把这种进步引导到顾客的需求上去。早期,福特做到了这一点,依靠技术的进步,以机器代替人力,开启了大众消费市场,获得了极大的成功。之后转而走向失败,它没有持续依靠技术的进步,以及供求关系上的创新深化与顾客的联系,丰富顾客的体验,而是采用高效率的扩张模式,如同秦王朝那样奖励耕战、简单粗暴,依靠绩效工资、奖金和股权分配制度,把人变成虎狼,把队伍变成高速运转的机器,攻城略地,一统天下。

这不是一种可持续发展的逻辑,而是一种失败的逻辑,并且不可逆。它回不到创新和营销上来,只能一条道走到黑,随着时代的更替而沉浮。梅奥诊所明白,产业社会的文明进步在于个性的解放,在于每一个人的天赋、主动性和创造性的发挥,而这一切又必须以企业共同体为前提,以分工一体化的关系体系为前提。

分工与交换不是国民财富的根源。分工作为一种手段,为技术的发明和应用创造了条件。交换以及以货币为媒介的交换只是一种形式,一种实现分工一体化的形式。

分工之后的一体化不仅可以通过交换实现,而且可以通过组织的手段实现。实际情况是,大部分企业用管理代替组织,并借助物品交换的方式实现分工一体化。

也许斯密太看重分工与交换了，看重分工与交换的作用，把交换说成是人类的天性，说成是分工的起源。这是一个学者的偏见。斯密也承认，他并不确信这一点。

人类作为一个物种，能够繁衍生息到今天，在于社会性。人类依靠彼此之间结成的一体化关系体系，抗拒环境与未来的不确定性风险，而不是为了谋取更大的利益，制造更多的不确定性，使自己处在高度的风险中，使更多的人处在不祥和的社会状态中。

人类脱离丛林，自然学会的是成人达己，否则就构不成一个社会或自然人群。由此产生的分工必然基于互助与义务，与交换的天性或动机无关。

只有彼此互助，经过世代群居，才会熟知对方，出手相助，形成劳动互助。最初的交换是在劳动互助的基础上发生的，可以称为劳动交换，而后才是货品交换，以及基于货币的商品交换。可以肯定，交换发生在分工之后，交换是为了确保分工的稳定性。诚信与等价的交换规则是为了确保分工关系的可持续性。只有到了商品时代，才会发生斯密认为的情况，发生为交换而分工的事情。

在自然状态下，劳动分工是在一体化的关系体系下发生的。自然分工的自然动因是，每个人都希望发挥自己的天赋与长处，在一体化的关系体系中获取个人价值的最大化，包括实现个人的成长和成就。这才是人的天性，才是人类社会的天道。

不符合天道的产业逻辑一定会走到尽头。产业社会一定会回归天道，至少有三件事情正在助力天道的回归：供求关系的逆转、知识工作者成为企业的主体、互联网的产业应用。

如何回归天道？这是本人真正想弄明白、讲清楚的事情。理论的作用就在于帮助企业看清未来，以终为始，确定合乎现实的事业理论。

按照明茨伯格的说法，真正的高端人才，脑子里有两种针锋相对的见解或理论。面向未来，企业人士也应该持有两种不同的理论及逻辑——一种是资本主义创富的理论，另一种是人本主义创富的理论，去审视过去，拿捏未来，做出明智的现实选择。

思考题

1. 工商企业是经济领域的一个组织机构,还是产业社会中的一个组织机构?

2. 工商企业是一个社会共同体,还是一个以营利为目的的经济组织?

3. 劳动分工之后的一体化,是管理还是组织?

第2章 企业的宗旨

企业只有把自己理解为产业社会的一员、一个功能性的机构，才能进一步思考企业在产业社会中存在的价值和理由。

产业社会是个大概念，任何企业都必须活在具体的关系中，包括企业与顾客的关系，与员工的关系，以及与合作者的关系。企业必须本着成人达己的价值理念，去维护这些关系。

这些价值理念不是道德准则，不是说说而已的口号，也不是自我标榜的标语，而是企业的原则，或分工与组织的原则，是约束和激励全体成员的行为准则。

产业是会演进的，社会是会变迁的。无论未来会发生什么，会遇到什么机会，遇到何种艰难困苦，企业都要万变不离其宗，所谓宗旨，企业的宗旨，或称公司的宗旨。

企业的宗旨是企业在产业社会中安身立命的标志、对内对外做出的承诺，以及构建诚信体系的根本保障。企业的宗旨是由一系列企业原则构成的，一系列不可妥协的企业原则构成的。这些原则概括起来是三条：顾客原则、员工原则和合作者原则。这些原则决定了一个企业长期存在的价值和理由，企业成员在任何情况下都不能违背这些原则，或与这些原则相抵触。

1
企业的存在价值

做人、做事一个道理。一个人的存在价值是由他能为谁做什么贡献决定的。一个人存在价值的大小,是由他能为谁做多大贡献决定的。

曾经有一个小伙子问我一个很奇怪的问题:他为什么活着?从逻辑上说,应该先弄清楚为什么被生出来,然后才能回答为什么活着。这个问题建议问他妈妈去,但这当然不会有结果。

一个人要想找回自己的人生,使自己活得有价值,或使生命之花绽放出来,必须赋予生命的意义,明确定义自己的人生。

一群人在一起构成一个企业,进而构成一个产业社会,成人达己的原则不会改变。因此,企业的存在价值和理由也是一样的,由企业能为顾客做什么贡献、做多大贡献决定。

作为产业社会中的一个功能性机构,企业必须明确自己做贡献的顾客。这个顾客可以是企业,也可以是消费者,通常称目标消费群。网络的用语就是 to B 或 to C。

企业的存在价值就是能为顾客做什么贡献,企业存在价值的大小就是能为顾客做多大贡献。反之,如果企业不能为顾客做贡献,就失去了自身存在的价值和理由,企业就没有理由存在下去。

顾客是企业的衣食父母,也是企业在产业社会中安身立命的根本。企业只能通过顾客定义自己,成为功能型社会中的一员。德鲁克明确指出,企业只有一个恰当的定义:创造顾客。

企业必须把顾客当作最高原则,或者说,顾客是企业的第一原则,是分工一体化关系体系的第一原则。其他原则都是派生出来的,包括对社会的责任与义务,都是由此派生出来的。

有些企业是这样表述的:顾客第一,员工第二,合作者第三。1950年之后,丰田公司的神谷正太郎用价值排序的方法确定了企业的原则,这就是消费者第一,销售(含经销商)第二,生产第三。

经济学在这方面的论述差强人意。从马歇尔开始,经济学转向资源配置方式,见物不见人,不再是经世济民的学问了。直到科斯的《企业的性质》问世,制度经济学现身人间,似乎见到了人影。

很遗憾,科斯认为企业的存在价值和理由是交易成本或费用。

说白了就是，交易成本高了就转为管理，管理成本高了再转回交易。由此证明，企业与市场的存在以及相互转换，都是为了一个目的：节约交易成本或费用。这与人们的直觉相去甚远。麦当劳的创业家克罗克在创办企业的时候，压根就没考虑过交易成本，压根就没想过能省几个钱，想的是能干多大的事，一件能对得起自己这条命的事。

让克罗克兴奋的是，他发现在美国的各个小镇，只有教堂和法院的标志，而这些只代表了一个社区的信仰与秩序。他希望把麦当劳的门店以及金色的双拱门标志——代表社区的生活，也镶嵌到小镇中去，形成教堂、法院和麦当劳三位一体的生活方式，而且是美国范儿的生活方式。

可见，伟大的创业家是不会考虑如何省钱的。看看非主流经济学家的书，比如萨伊和熊彼特的书，就明白了，创业家和企业家真的不是为了省钱，而是为了创造，至少是为了创富。这是创业家和企业家的精神所在。精神是不能用金钱换算的，精神对应的是社会领域，金钱对应的是经济领域，两者不在一个维度上，也不在一个层次上。所以德鲁克说，他当不了经济学家。

2
"三喜欢"原则

20世纪50年代,本田宗一郎和藤泽武夫在一起讨论一个问题:本田公司何以能永续经营?然而,谁都知道,长寿需要多个条件,夭折只需要一个条件。尤其在现象形态上,需要多少条件是不确定的、数不清的、不可穷尽的。因此,也是徒劳的,让人不知所措的。

再说了,条条框框多了,相互抵触不说,还无法约束,无法进行制度化的约束。没有制度约束的价值理念,只能是一种道德说教,培养的是伪君子。只有把价值理念转化为制度约束,才能涌现出一大群真君子。

对怀揣百年梦的企业来说,没有别的选择,只能透过现象看本质,抓住本质,确立根本。把关乎企业前途与命运的价值理念,转化为具有制度性约束力的企业原则。进而,把企业原则转化为一系列制度规范，约束与激励全体成员做到。无论遇到什么样的艰难困苦，都要矢志不移，坚持做到。即便遇到不测，也无怨无悔。

要相信万事万物背后自有天道。就像《安娜·卡列尼娜》开篇所写，幸福的家庭极其相似，不幸的家庭各有各的不幸。也就是说，幸福是有道的。就像步步高公司的老板段永平所说，成功是可以还原的，还原到最初选择的价值立场。这就是，世间自有公道，付出总有回报，说到不如做到，要做就做最好，步步高。据说，这是广东的一首民谣。做人如此，做企业也是如此，抓住根本，不及其余，不需要那么多清规戒律。

什么是企业的根本？本田公司的创业家认为，一个企业的倒闭往往与现金流断了有关。现金流是表象，更为深层次的原因是产品不能畅销。比产品更为深层次的原因是人，是消费者、经销商和员工，是他们能不能结成一体化的关系体系，结成一个共同体，相互依存、相互作用、团结一致，开创共同的未来。

这就需要正确的理念，这是一个企业的根本。伟大的企业必须建立在根本的理念之上，建立在不言而喻的正确理念之上，并且能把这些正确的理念转化为组织的原则，加以制度上的激励和约束，写进公司的"组织建设纲要"之中。

日本公司的制度被称为"社是"，就是公司的价值立场和根本大法，任何人都不能违背，尤其是各级经理人员必须要有公司立场，维护公司利益，否则就是不合格的员工，不是企业共同体的成员。

企业的本质 ○ ○ ○

本田公司确立了"三喜欢"原则：让骑车的消费者喜欢，让卖车的经销商喜欢，让造车的员工喜欢。它的意思是，本田公司的存在就是要让技术的进步与工业的文明恩泽社会与相关利益者，让大家感到喜欢。这与本田宗一郎的偏好有关，他是一个技术玩家，他的公司叫本田技术研究所。

20世纪60年代初，本田的摩托车进入美国市场，被很多人取笑。美国人认为本田搞错了，美国已经进入了汽车时代，并断言不出12个月，本田就得打道回府。本田宗一郎不服气，特地跑到美国与经销商座谈，说本田公司能不能在北美登陆成功，早在创业的时候就已经确定了，这就是"三喜欢"原则。真可谓底气十足、有恃无恐。然而，在商人面前谈企业原则未免有点莫名其妙。没想到，这话还真的打动了商人，西尔斯公司的老板因此出手相助，拉了本田一把。看来，这世上真有人懂企业原则。当然，地摊上的小商小贩肯定只懂讨价还价、在商言商。

从此，本田在北美的事业一发而不可收。20年间，本田摩托车在北美的市场份额达70%以上。20年后，本田汽车在北美正式上市。看来"三喜欢"原则不是闹着玩的。

1996年，华为在起草《华为基本法》的时候，借鉴了"三喜欢"原则。华为把这改称为"核心价值观"，放在了第一章"公司的宗旨"之中。这是过去的事了，不再赘言。

3
企业的顾客原则

顾客是关键环节，确立顾客原则可以维持两种再生产的循环：一是企业再生产循环；二是社会再生产循环。

从这个意义上说，企业确立顾客原则就是在对社会承担责任。德鲁克希望每个企业都能确立顾客原则，以保证一个社会的正常运行。值得庆幸的是，这已经成为一种趋势，越来越多的企业正依靠顾客原则减免市场的盲目性和未来的不确定性。

对企业而言，确立顾客原则可以维持内在的统一性。在高度专业化分工的状态下，究竟谁说了算？你说了不算，我说了也不算，只有顾客说了算。顾客就是公理。按照日本人的话说，谁给钱谁就是顾客。过去我们弄错了，误以为是老板给钱，要听老板的。

老板也要赚顾客的钱，他并不买单，只是分配。老板依靠权威，包括个性权威和理性权威，把企业的经济成果分配给每一个人。分配的依据是贡献，是对最终成果做出的贡献，是对顾客做出的贡献。按照华为的说法，每一个人都应该脑袋冲着顾客，屁股冲着老板，而不是相反，脑袋冲着老板，屁股冲着顾客。

对各级经理人员来说，遵循顾客原则是管理合法性的基础，是行使权力的合法性基础。他们行使权力的有效性并不取决于上级的任命及级别，而取决于顾客的需求与员工的意愿。

进一步说，确立顾客原则可以维持企业外在的适应性。顾客原则强调的是，建立企业与顾客之间的一体化关系，建立供求一体化关系。不只是市场导向或顾客需求导向。

顾客原则强调企业与顾客同步成长，不断强化企业创造价值的能力，深化企业与顾客之间的联系。它不只是产品与需求之间的联系，也是产品品牌与顾客偏好之间的联系。

现在社会上流行的是"产品"定位，策划大师考虑的事情是，如何把产品的卖点与消费者的诉求点找出来，并对应起来。据说，有一套工具和方法立竿见影、屡见奇效。

俗话说得好，人靠本事吃饭。企业的本事是练出来的，不是策划出来的。要想练就企业的真本事，必须不断深化企业与顾客的联系。如果企业不能与顾客的生活方式及需求产生互动，那么企业的价值创造能力就不可能持续提升。

正因为如此，德鲁克强调的是创造顾客，依靠技术进步和制度创新，持续提高企业自身的能力，并把企业的价值创造能力引导到外部的机会上去，引导到顾客的需求上去。概言之，就是营销与创新，他认为，营销与创新是企业的两项创造价值职能，其他都是成本。

营销与创新不仅是企业再生产循环的保障，也是社会再生产循环的保障。产业社会在无法消除内在的暴力倾向之前，必须依靠每一个企业的营销和创新能力去推动价值创造能力的持续提升，使供求关系在更高的层面上维持动态平衡。

那些只在市场表层上做文章的企业，诸如依靠策划使产品畅销或变成爆品，是不可能持久的。换言之，这样做既无益于企业再生产循环，也无益于社会再生产循环。

德鲁克强调的是"企业"定位，如何把目标消费者及其生活方式，与企业创造价值的功能对应起来。他认为，企业首要的问题是，谁是我们的顾客？然后才是，顾客认为有价值的是什么？企业能为顾客提供什么样的价值？

在产业社会的历史中，能够确立顾客原则的企业不胜枚举，如梅奥诊所、西尔斯、IBM，还有中国的同仁堂。可以断言，百年企业必须确立顾客原则，依靠不断提高价值的创造能力，持续深化与顾客的关系，维持供求一体化的关系体系。

4
顾客原则的未来

未来从来就不是突然降临的,未来永远是现实的未来。现实始终在改变,一切改变的因素都存在于现实之中,是现实正朝着未来转变。这讲得有点哲学,不过《易经》上就是这么说的,变是不变的法则。

在工业化之初,企业还真提不出顾客原则。它们关心的是产品和效率,是产品生产的效率,包括分工的效率,以机器代替人力的效率,等等。它们只有一个念头:把手工制品变成工业品,收获量产量销的利润。这没问题,合情合理、理所当然。

于是,那些众人向往已久的手工制品被工厂逐一生产出来,并不断廉价出售。可以说,这是一个供不应求、令人欢欣鼓舞的年代。这个年代一直持续到19世纪中叶。100年的工业化创造了人类几千年的物质财富,所谓工业化以十倍速创富。由此,市场出现了阶段性的饱和，同质化的竞争开始加剧，集中表现在价格上。

直到20世纪初，随着福特流水生产线的问世，单纯依靠生产活动领域争夺市场的方式走到了尽头。企业之间的竞争开始全方位展开，延伸到了技术活动领域和商务活动领域。由此产生了一些"依靠能力争夺顾客"的优秀企业，它们在竞争中越战越强。那些依然在"依靠产品争夺需求"层次上苦斗的企业逐渐被边缘化。

可以说，确立顾客原则，不断深化企业与顾客的关系，是大势所趋。加上供求关系已经逆转，事情更是这样。有人认为，需求方主导市场的地位已经确立。更有人认为，消费者主权的时代已经开始。

值得一提的是，直到21世纪，市场营销学依然把核心概念放在"需求管理"上。说句不客气的话，这个概念在20世纪50年代已经不合时宜。好在现在改过来了，改为"顾客关系管理"。

消费者需要那么多产品干什么？凡事都有够的时候，物极必反。当产品的供应达到临界点的时候，只会让需求产生麻木，而不是产生更大的满足感。

现如今，消费者需要的已经不是产品了，而是一种生活方式，一种合乎自己理念的生活方式，一种能活出自己的生活方式。产品只是生活方式的道具，人的感受与体验才是生活的主体。

未来将如何？互联网作为一种手段，更加有利于那些优秀的企业去直接经营顾客，直接与顾客建立一体化的关系体系，精准地响应顾客的需求。过去那种借助于货币以及广告宣传，规模化地与陌生人进行产品交易的时代已经成为过去。凡是能做到这一点的企业，就能获取强大的市场力量，挟天子以令天下，最终成为产业价值链的整合者和组织者。反之，则成为被整合者或被组织者。这已经不是我们的想象或设想了，而是正在发生的未来。

5

企业的员工原则

在功能型的社会中,企业是社会再生产环节的一环。如何使这个环节不掉链子,关键在于全体员工,尤其在知识经济时代,员工就是企业的一切。企业必须明确员工原则,确立针对全体员工的原则,包括企业领导阶层和各级经理人员。

有一句话是这么说的,要想顾客满意,必先员工满意。这符合成人达己的理念。如果员工哭丧着脸,顾客肯定笑不出来,这是常识。常识不一定会被人遵循,违反常识的事情到处都是,主要看制度,以及由制度造就的习惯或习惯势力。当然,一种制度的存在及其影响肯定有它的理由,只是有识之士不太理解。

从20世纪20年代开始,一直到现在,管理领域的有识之士一直在说一件事情——个性解放。他们的苦口婆心且滔滔不绝,几乎把这个知识与理念变成了常识,变成了不言而喻的真理。这些有识之士包括狄德、梅奥、巴纳德、马奇、西蒙、马斯洛、阿基里斯、赫茨伯格、德鲁克、明茨伯格,等等。

德鲁克认为,富有责任心的员工队伍是企业的财富。毫无疑问,员工队伍不是资产,更不是生产要素,而是创造财富的源泉。

企业之间的竞争,以及竞争的维度与手段改变了,即从生产活动领域扩展到了技术活动领域和商务活动领域,导致知识工作者成为企业的主体。用德鲁克的话说,就是以知识代替人力。所谓知识,包括信息、理论、见解、创意、技术、方法、艺术、经验、信念、喜爱、偏好和智慧,当然还有机器。用德鲁克一贯的思维,就是获取企业内生的创造力,用同样的资源创造出不一样的价值与经济成果,而不是投入产出之比的效率。

接下来的问题是,如何把知识工作者变成一个整体,尤其是如何把知识工作者的知识变成一个整体?

这已经不是一个管理问题了,也不是一个支撑企业运行的管理职能问题,而是企业构建分工一体化关系体系的问题。其中包括分工原则和组织原则,称为员工原则。

分工原则就是,发挥每一个员工的天赋、主动性和创造性,以便每一个员工都能在分工一体化的关系体系中获取个人的价值最大化。

组织原则就是,努力把企业建设成一个共创共享共有的共同体,使每一个员工相互提携、相互作用,依靠点点滴滴、锲而不舍的努力，不断提高价值创造的能力，帮助顾客实现理想和追求。

很显然，这在管理上做不到，尤其是工作动机和协同意愿。只有通过确立员工原则，才能从根本上调动人的工作动机和协同意愿。

众所周知，工作者的动机源自工作，源自工作者在工作中获得的成长感和成就感。据说，一个人的天赋如果能与职务工作相匹配，那么他的工作效能就会大幅提高，高达17倍。面对未来，所有企业都想获得这种内生的力量，获得这种源自员工天赋与天然创造力的内生力量。因为这是未来竞争的制高点。很遗憾，绝大部分企业被管理学思维所牵引，没有意识到从分工与组织上去寻求出路。

管理从一开始就定错位了，即按照效率的原则构建一体化运行的工作体系。定位一旦错了，就会形成定式，一错再错，直至今天。即便是今天的业务流程再造，关注的依然是"工作"，而不是"做工作"，不是做工作的人。

企业是人与人之间构成的关系体系，不能无视人与人之间的"劳动关系"与"利益关系"。不应该在管理层面上，而应该在企业层面上，处理分工和分利的关系。

随着知识工作者成为企业的主体，这个问题越来越突出，泰勒那套管理已经不适应了，而福特那套胡萝卜加大棒的管理也过时了。

巴纳德企图通过经理人的职能，即通过专职的管理者来维持工作者之间的协同意愿，但实际上是无效的。正确的做法是，在企业层面上,确立员工原则,把员工当作企业共同体的成员。巴纳德也很无奈,说长寿公司凤毛麟角的根本原因是环境的不确定性,以及员工队伍的社会性惰化。说白了,就是工作者不能保持工作的热情。

德鲁克主张改变管理哲学,使经理人员转变为工作团队的同僚,从管别人转向管自己,使自己的管理工作变得有效。理由是,知识工作者本质上是自我引导的,经理人员无法对他们的工作过程进行干预,只能管好自己。诸如,深入思考,选择正确的事情去做;周密思考,把事情做正确,等等。

德鲁克的著作《卓有成效的管理者》风靡全球。这是一本有关知识工作者的管理经典著作,也是迄今为止这方面最权威的著作。书中的全部观点,我个人认为都是正确的,并具有未来意义,只是少了一条,在企业层面上确立员工原则。换言之,企业必须在分工一体化关系体系上确立员工原则,以唤醒知识工作者"自我引导"的内在动机与动力。

6
合作者原则

俗话说,一个好汉三个帮。任何企业都需要确立原则,处理好与合作者的关系。

企业首先要弄明白的是,谁是合作者?一般是指外部的合作利益相关者,因此,企业应本着合作者共赢、利益分享的原则,处理与外部合作者的关系。

巴纳德认为,任何交易关系都是合作关系。短暂的交易就是短暂的合作,交易结束,合作也就结束。长期的交易和持续的交易就是长期的合作。

科斯认为,任何合作关系都是交易关系。短暂的合作就是短暂的交易。长期的合作就是长期持续的交易。

两者的分歧在哪里呢?分歧在于看待事物的视角。视角不同,看到的事物就不同，于是就有了不同的说法，有了很多不同的学说。

原本是同一个事物，为什么会有不同的说法和学说呢？那就是层面不够。如果我们能够透过现象看本质，在更为本质的层面上看事物，就会看得更全面一些，也许我们就能看到事物的真相和全貌。这就是理论的价值和意义。

巴纳德和科斯都没有探底，都没有到达事物本质的底层。这就是分工一体化的关系体系，或分工与组织的关系体系。巴纳德没有分工的概念，科斯没有组织的概念，并且，他们都没有把分工与组织对应起来。

从分工与组织的关系体系上说，合作是一种状态，交易是一种方式。合作和交易并不是对应的概念，也不存在直接的对应关系。

合作的状态可以通过交易的方式实现，也可以不通过交易的方式实现，比如，依靠行政权力体系及其分配的手段，就可以维持合作的状态。

交易成立并不一定意味着就是合作，并不一定意味着合作状态的成立。签过协议的人都知道，最后彼此一定会叮嘱，希望合作愉快。他们担心合作状态不尽如人意，合作能否成功涉及的因素太多。

确立企业的合作者原则，是对合作者的一种承诺，一种根本性的承诺，以坚定彼此的合作意愿，跨越合作过程中一系列不确定性的障碍，维持良好的合作状态。

任何企业都不可能包打天下，都必须基于产业价值链进行合作，因此，企业的合作者主要指产业价值链上的关系者，包括供应链上的供应商和分销链上的经销商及零售商。

与产业关系者合作是长期任务，不是短期行为。因此，企业在确立合作者原则的时候，一开始就要给合作双方指一条明路，这就是构建与深化外部分工一体化关系体系，共同开创更好的未来。

开车的人都知道，要想走得直、走得快、走得远，一定要把"视距"放得远一点。有奔头才能调动合作者的意愿，有追求才能提高合作者的境界。韦伯说过，调动人的积极性就是两条：理想追求和现实利益。没有理想追求的现实利益是无力的，没有现实利益的理想追求是空洞的。

任何企业在确立合作者原则的时候，都必须明确自己的方向和追求。然而现实又是混乱的，使企业看不清楚方向和追求。因此，企业必须进行梳理，在混乱中找到自己的出路，做出自己的选择。

迟至1900年，人们仍习惯于按行业分类，诸如纺织、煤炭、机械、电力、交通、汽车、化工，等等。二战以后，人们才逐渐有了产业价值传导路线，以及产业价值链的概念。即使如此，绝大部分企业还不知道要把产业价值链串起来，借用波特的概念，还不懂得在战略层面上构建一体化的关系体系，如前向一体化与后向一体化。

中国人对于产业价值链的认识更晚。至今为止，绝大部分企业还

企业的本质　○　○　○

没有合作者的概念，更多的只是商业伙伴关系，只知道在商言商做买卖，免不了店大欺客、以邻为壑、拖欠货款、转移库存。竞争性行业尤为普遍，或更落后。不过，也有像华为这样的企业，其在20世纪90年代就懂得遵循商业规则，与产业相关利益者，乃至与直接的竞争对手和平共处，分享利益。

在西方，合作者的概念已经深化了，尤其是二战后，跨越了利益分享的阶段，成为战略制胜的手段。

20世纪70年代，钱德勒的著作《看得见的手》总结了美国大公司成功的原因，他认为这些公司一开始就懂得用管理的手段，把企业再生产循环的外部相关利益者协调起来，确保生产出来的产品顺利地通过分销和零售环节，源源不断地到达消费者手中。这在TCL叫ARS战略，在欧普叫深度分销，在娃哈哈叫联销体，在宝洁叫IDC，在可口可乐叫101储运模式。

中国台湾地区的人把这称为策略联盟，当作企业之间的一种合谋策略——企业联手做大市场，瓜分利益。实际上，娃哈哈、宝洁与可口可乐已经把这个策略联盟变成了一个稳定的分工一体化的关系体系，或者说，企业之间形成一体化运营的关系，已经跨越了交易层面，跨越了长期购销协议，或战略合作协议。这些企业的合作原则已经深化了，有了共创、共享、共赢的含义。

日本公司在这方面走得更远，构建了一个一个的企业共同体，形成了基于产业价值链网络的生态。外部的合作者关系已经融合为一个一个的圈、一个一个的共同体，并构成一个庞大的帝国。感兴趣的读者可以看看《三井帝国在行动》这本书。

三井财团旗下的丰田公司也是自成一体，形成环套环、圈套圈的共同体，左右逢源、共生共荣。他们非常明白，任何共同体都必须建立在价值创造能力上，每个人要吃要喝，只有神仙才不食人间烟火。三井财团要干的事情就是，把三井物产当作战略的引导力量，获取价值创造的关键资源，如资本、能源、矿产、技术、人才、信息与情报，形成强大的影响力和支配力，物色和支持旗下的实体企业，成为产业价值链生态的组织者。

丰田这样的公司就成为实际操盘手、产业价值链的打造者，自然谋势不谋子，谋求战略大格局。有人说，日本公司是市场份额导向的，不像美国公司是利润导向的，不无道理。

丰田这样的日本公司不会为短期利益所动。它专心致志地打造价值链，把内部价值链与产业价值链对接起来，用内外结合的共同体，即供求一体化的运作体系，把再生产循环的各个环节衔接起来。

早在20世纪50年代，丰田汽车销售公司就已经与经销渠道及门店零售网络一体化运营了。早在构建这个网络体系之初，销售公司的神谷正太郎就在日本的都道府县物色自己人当丰田的经销商，实际上已经把合作者变成了共同体的成员。以至于丰田汽车制造公司，也就是销售公司的母体，其中的很多要职要员在长达30年的时间里，一直认为神谷正太郎领导的销售公司是经销商，是外部的合作者。

企业的本质

与此同时，丰田汽车制造公司也在努力构建供应链体系，打造分工一体化的供应链关系体系，典型的就是名古屋的丰田城和九州的丰田生产基地，并且把采购的触角延伸到各国的矿产基地。

现在的丰田汽车公司已经把商务活动的触角延伸到了消费领域，已经从供应链走向了需求链，走进了顾客的生活方式，并在那里构建供求一体化的关系体系，即社区或共同体。也就是说，顾客也开始向外部合作者转变。可以想见，在未来的互联网时代，目标消费群中的诸多顾客会逐渐参与到企业的经营和管理中，成为真正意义上的合作者。

到了那个时候，基于产业价值链的相关利益者一定会犬牙交错、难分你我，只能在观念上做出区分：是外部社区的人还是内部社区的人；只能通过具体的一件事情做出区分：是内部共同体成员还是外部共同体成员。到了那个时候，我们现在所说的企业三个基本原则一定会发生根本改变，分不清楚顾客、员工和合作者。

7
资本所有者关系

企业最难确定的是资本所有者的关系。从道理上说,股东或投资人不是企业的成员,而是外部的相关利益者。

从历史上说,股东或资本所有者是企业中的一个特殊利益群体。他们通过董事会以及委托代理制,对企业的经营管理决策产生影响,以确保自身的利益。这种所谓的"现代企业制度",是资本雇用劳动时代的产物。

随着知识劳动者群体的崛起,开始了知识雇用资本的时代。创业家以及知识工作者开始把投资人当作外部人,努力实现内部人控制,以防资本的逻辑对企业的逻辑产生影响。

显而易见,这已经超出了本书的研究范围,有待社会性制度做出明智的选择与安排。值得欣慰的是,诸多优秀企业与明智的投资人,在现行的制度基础上展开了有益的探索与合作,主要集中在两个命题上:一是董事会的构成及职责;二是创业者原始股东的表决权。

思考题

1. 什么是企业的宗旨？

2. 为什么顾客是第一原则？

3. 为什么员工是第二原则？

第 3 章　企业的使命

企业的本质　○　○　○

　　使命是至高无上者赋予你的一项任务，也称神圣使命。企业是社会中的一员，不会有什么人可以代表社会给企业一项神圣使命。除非你是军工企业，负有一项国家的使命。

　　企业必须自己从产业社会中找出一件事情安在自己头上，称之为企业的使命，从而获得存在价值和理由，成为这个社会所需要的。

　　企业对于产业社会而言，只是一种抽象的存在。只有当企业确立了自己的使命，才能与产业社会发生具体而明确的联系或连接，才能成为产业社会中真正的一员，成为功能型社会中的一环。否则，企业很容易成为不入流的投机者，打一枪换一个地方，捞一把就走。

　　备受社会尊敬或称道的企业，在于它们能够正确理解企业的性质，以及企业应有的宗旨，并在此基础上确定自己的使命，而不在于做了多大或说成多大。大小多少，只是存在感，而不是存在价值。千万别把"存在感"混同于"存在价值"，这是两个不同的概念。

1
创业家的使命感

产业社会有一种说法一直让人想不通。用巴纳德的话说,企业的短命是常态,只是人们记得住活下来的,记不住倒下去的。巴纳德是想提醒人们,企业不是都能长寿或都能挣钱的,那是错觉,不要误以为成功会发生在自己身上。事实告诉我们,创业成功的概率几乎可以忽略不计。

德鲁克则说得比较含蓄,任何事物都有生老病死,企业也不例外,不可能永远健康地活着。我们要想办法,至少让企业活过人的自然寿命。这当然是一种哲学判断,谁也不能奢望永生。值得提一个这样的问题:不能永生就意味着短命吗?只有一种合理的解释,那些企业压根就没有使命。真要有使命,企业就有自然之寿命。即便夭折,不能完成使命,也会让人肃然起敬,如同凭吊诸葛亮,壮志未酬身先死,长使英雄泪满襟。

企业的本质 ○ ○ ○

　　这就决定了在企业创立伊始，创业家或老板一定要有使命感。没有使命感的人就不要去创办一个企业做一番事业，而应该选择去做个商人，在产业社会中拾遗补阙就可以了。这并不丢人，相反，是一件值得称道的事。农工商士，自古有之。丢人的是，把企业当商品进行买卖，买卖企业或倒卖企业。因为企业是由一群人构成的，他们构成了企业的价值，要对他们负责任，不能随便倒卖。

　　每一位创业家在出手之前，必须先问一下自己：人类的幸福、社会的文明与顾客的喜悦，与企业的商业利润相比较，何者更值得追求？企业的使命，甚或是神圣的使命，就是利润之上的追求，而不是利润至上。

　　大部分人不是天生就有使命感，使命感往往是被激发出来的，而且往往是历经磨难之后被激发出来的。

　　按照孟子的说法，天将降大任于斯人也，必先苦其心志，劳其筋骨……行拂乱其所为，所以动心忍性，曾益其所不能。意思是，上天不随便赋予一个人使命，必须经过严格考验方能委以大任。看到华为创业家的经历后，就会相信孟子所言不虚。

　　一个人要是拼搏到四五十岁依然穷困潦倒、一事无成，那么只有两种可能：站起来再干或躺下不干。要干就干一件对得起自己这条命的事，不然，虽成犹败，被人耻笑。其实别人未必在乎，别人往往不会在乎。只有在乎自己这条命的人，或自命不凡的人，才会这么想，也只有这样的人，才能够成为使命在身的创业家。

要想让人刮目相看，必须顺应天道，选择一件对社会有帮助的事情。谁都知道，英雄结义，道德感召。梁山好汉都知道替天行道。蝇营狗苟，能干成什么大事？赚点钱就躲起来而已。

2
感召事业伙伴

想干件大事,就要感召事业伙伴,共商大计,共创大业,确立共同的使命。联想的经验就是先搭班子,再考虑做什么事,即所谓的搭班子、定战略、带队伍。

创业者或老板如果不理解"企业的性质",不接受"企业的宗旨",那么就简单点,采用传统企业的惯例,或采用现代企业制度,立杆大旗,摆一个摊,招兵买马,雇用打工仔,没准还能雇用到高级打工仔。可以断言,来的肯定不是事业伙伴,即便想加盟一个事业,用不了多久,结果还是与《甄嬛传》里的人物差不多,都是伺候主子的"答应",忠诚度高的晋升为"常在"。看上去像事业伙伴,骨子里装的仍是打工意识。

事业伙伴是一群志趣相投、胸怀大志的人。对有使命感的创业者来说,事业伙伴不好找,必须下大力气去找。尤其是那些志趣相投的重量级人物，万里挑一，可遇不可求。即便是一般量级的事业伙伴，也不好找，不是千里挑一，也是百里挑一，一定要睁大眼睛不厌其烦地认真挑选。

过去人们常说，男怕选错行，女怕嫁错郎。其实，男的也怕选错人，创业家最要紧的是选对人。人选对了，经过磨合，相互适应，形成事业伙伴，事业才可能成功。

特别要提醒创业家的是，千万不要作贱事业伙伴，他们在成为顺从儿的同时，会丧失独立的人格、观察事物的兴趣与善于思考的习惯，伟大的事业构想将终成泡影，只留下如烟的往事和不尽的遗憾。

说一句不该说的话，找不到事业伙伴就做一个商人，不要奢谈企业的宗旨和企业的使命。创业家或老板必须扪心自问，自己是不是一个对的人，自己不对就不可能找对人，然后用心去感受来的人是不是对的。还想提醒大家一句，创业家要找的是事业伙伴，而不是所谓的合伙人或职业经理人。这世上，一年换一个职业的经理人多得是，他们即便当上了合伙人，也转变不了打工意识。

互联网给了我们一个便利，使我们可以找到一群志趣相投却远在天边的人。过去，我们要想找十几个事业伙伴很难，能够说上话的也就是250人，说得来的不过50人，也就是20%，要想从这里面找到一个事业伙伴都很难。

事业伙伴靠感召，志趣相投的人也靠感召。他们不把自己当劳动力商品，尽管他们也谈钱，但不相信金钱能使鬼推磨。他们更相信发心和愿力的力量，他们渴望社会地位和身份，以及自我价值的实现。

按照德鲁克的说法，企业及其管理必须建立在道德原则的基础上，这个道德原则只有一条本质的规定性，这就是发挥人的长处，使每一个人通过企业所从事的事业，做出自己的贡献，并获取个人的成就。

只要是一件值得去做的事，没有人会有人，没有钱会有钱。谁都知道，任何事业都是由小到大的。星星之火，可以燎原；黄河之水，源可滥觞。只要有前途，就能有钱图。

志趣相投的人更关心的是分工与组织原则，以及分工分利的制度保障；他们在乎的是如何做成事，而不是简单挣到钱；他们在乎的是如何约束和激励大家一心一意做事，而不是一心一意挣钱；他们在乎的是如何分钱，而不是能分多少钱。华为人说，他们的成功，一言以蔽之，分钱分得好。馅饼做大了，分钱就容易，自然就分得好，至少每个人都会有喜出望外的感觉。

要想感召事业伙伴，必须学会编故事。企业的故事从使命开始，企业的使命是一个具体的故事，必须能打动人，且合情合理。打动人的故事必须志存高远且符合天道，让人觉得神圣、出人意料或欣喜若狂，至少让人眼睛一亮，从而愿意为此付出，愿意为此奋斗。

合情合理的故事不是用逻辑演绎和数字堆砌出来的，更像小说，有场景感，真实而现实，合乎人的直觉与常识。

3
社会的责任

感召事业伙伴，共商大计，共图大业，说白了，就是一起来续编故事。从产业社会中找一件真正值得干的事情来做，弄清楚干成这件事情的逻辑，也称事业逻辑。最终的落脚点是，在产业社会中的身份和地位，成为产业社会中的一个责任主体。而不是大谈特谈500大、500强、500年，或者成为一家中国领先、世界一流的公司，云云，空洞无物。而且这还有悖于企业的宗旨，有悖于成人达己的社会交往原则。企业的使命追求只有一个——实现顾客的梦想。可以再加上一句，通过服务于顾客，使社会变得更美好。

现代社会就叫"产业社会"，不是"产业+社会"。在社会的三位一体结构中，企业就是这个社会的责任主体，支撑着这个社会的正常运行。

企业的本质 ○ ○ ○

　　企业必须通过使命表述来对社会做出承诺，履行社会的责任。换言之，企业的使命必须志存高远且合乎天道，并在社会层面上做出承诺，合乎社会文明进步的要求。

　　把社会领域和经济领域区分开来是人思维上的产物，是学者头脑中的产物。学者为了深入研究，而脑子又不够用，只能把完整的产业社会切分开来，分成社会学和经济学，还有其他各类学科的研究领域，并在各自的学科和专业领域中，发展出一套自洽的概念体系。

　　只有德鲁克能够高屋建瓴，上下五千年，纵横八万里，审时度势，把握真相与全貌，认为产业社会是一个机构型的社会，工商企业是主体，支撑着一个社会的正常运行。

　　与此相联系，社会变成了一个职工型的社会。生活和工作被割裂开来了，工作成为社会生活的主旋律。价值观也随之改变，不工作是懒惰的，没工作是卑贱的。意思是，不在一个机构任职的人是没有社会地位和身份的，不履行职责的人会被人看不起。所以，华为强调以奋斗者为本。

　　在这种社会形态下，每一个社会人都分属于各个机构，成为那里的一个职工，并且要在那里度过职业生涯，度过人生的黄金时期。每个人都在两点一线当中移动，社会交往对象主要是工作伙伴和商业伙伴。生活在人生中的地位和意义下降了，工作在人生中的地位和意义提高了。生活几乎被工作吞噬了。

无论愿不愿意，企业就是一个社区，就是一个共同体，员工就是这个社区或共同体的成员，那里就是他们的生活场所，称为职业生涯。即便回到自己的家里，他们想的仍然是那里的人和事。

面对未来，面对互联网时代，每个人都希望活一回自己，工作与生活会倒转过来，生活成为主体。有个汽车广告就是这么说的：工作就是娱乐，工作就是业余爱好。

不难想象，每个人都将借助互联网的手段成为专业的玩家，与其他专业玩家结成专业型的功能团队，一起工作、一起生活，形成小小的社区或共同体，进而再与其他的共同体连接起来，形成更大的共同体，等等。企业要承担的社会责任，不可能限制在经济活动里。

即便回到现实，每个社会人也都已经被产业链条编织起来了，不是供应者，就是需求者；不是顾客，就是员工或合作者。没有哪个人不在产业链条的关系中，即便是被社会边缘化或放逐的人，也在这个产业链关系体系中。

这些人被边缘化和放逐的原因是一些企业没把他们当作成员，当作分工一体化关系中的成员，致使这些人对社会缺少一份责任意识，成为一群无社会责任意识的人。可以说，是一些企业没有承担起社会责任，对产业社会的性质及企业的性质不理解，或者不接受。

毫无疑问，权力与责任是对等的。企业对社会的责任是由它的使命所定义的，企业的社会责任不是宽泛的，因此，企业对社会的权利也不是宽泛的，是由使命所限定的范围决定的。因此，准确的表述应该是，基于企业使命的社会责任与社会权力对等。

在具体的操作上，德鲁克的建议是，一个企业承担了某项社会责任，等于取得了相对应的权力。国家和政府应该认真审视该责任中隐含的权力是否合法，否则便是滥用权力与不负责任。同样地，企业也应该想一想，自己是否有这项权力，或是否应该拥有这项权力。

社会责任和社会权力的对等，需要企业的自律。这种自律存在于企业内部，存在于企业相关利益关系者之间的相互制衡之中。尤其是企业领导阶层对内和对外所做出的制度性承诺，包括在企业的宗旨与企业的使命宣称之中。

德鲁克认为，如果主要机构的经理人，特别是企业经理人不肩负社会责任，那么没有人可以或将会负起这个责任。言下之意，不能单靠法律，还要靠经理人员的自律，以及习得的社会公民意识。

4
社会的角色

角色指的是从事某项专业分工,成为某种专业特征类型的人。从社会学的角度说,角色就是社会的一种地位、身份或名分,与社会成员的期待与认可相一致。

企业只有承担了一项使命,一项符合天道人心或符合社会的良心和良知的使命,并且让社会皆大欢喜,或让社会受益,才能成为社会的一个重要角色,获得应有的社会地位和名分。

迪士尼让社会快活了 100 年,才获得了社会给予的莫大名分。它的使命是让人们过得快乐,旨在制造快乐和销售快乐,这种快乐是家庭共享的快乐。

默克已有 350 年历史,至今没有衰败的迹象,成为公认的社会生活中的一个重要角色。它的使命是创新引领生活,旨在释放科研的潜力，为客户提供高质量产品，改善患者和客户的生活。

企业明确了自己要做的事情，明确了自己在产业社会中的一份事业，实际上就是明确了自己的角色定位。企业的使命表达的是企业在社会中的角色定位。只有社会才能给企业以广阔的舞台，发展并施展能力。只有社会才能给予企业更高的地位和名分。就像吉列刀片的老板，一心想干大事。即便手里拿着一把剃须刀，也想找一个深港放一条大船下去，让全世界的男人能够在家里自己刮胡子。AT&T公司想的是，让美国的每个家庭、每间办公室都安上它的电话。它们都是以社会为己任的，把好事做到全社会。

德鲁克在《管理》一书中讲了一个确立使命的故事，值得我们借鉴。

18世纪，皮埃尔兄弟先从圣西门的理论思想中认识到，资本主义生产方式的迅速发展得益于资本的集聚和集中杠杆。进而，从萨伊的理论思想中认识到，是企业家的创新精神和胆识，并自觉应用资本的杠杆，创造了巨大的社会物质财富。

据此，皮埃尔兄弟确立了商业银行在产业社会中的使命及角色，这就是引导社会资本的流向，并使企业成为有意识的产业开发者。南北战争之后，这成为美国银行普遍的使命。美国诞生了一大批像JP摩根这样的银行家及投资银行业务，简称投行业务。

投行业务对促进产业社会发展的作用不容置疑。20世纪90年代，摩根把社会资本引入中国的乳业，促使牛根生这样的企业家走上了产业开发的道路，使蒙牛公司获得了很大的发展。摩根也因此获得了大笔回报。

进一步说，比起保险业务，投行业务更能保证广大投资人的长期利益以及长期生活。美国国民基金的持有人都是些普通人，保障他们的长期生活，对产业社会的稳定很有价值。

皮埃尔兄弟的这种做法确实难能可贵，尤其是现在，越来越少见了，即借助于理论去理解一个社会内在的本质联系，然后选择一件值得做的事情，确定自己的使命以及角色扮演。这样做往往能引起产业社会结构上的改变，就像斯密的分工理论那样改变了世界，使世界发生了翻天覆地的改变。有理论太可怕。

以往，诸多了不起的企业差不多都是建立在理论的基础上，当然是经济学的理论。只是以往的很多理论或多或少已经过时了，甚或已经变得不合时宜了。

现如今，依靠技术与产品的进步创办公司，似乎已经成为主流。

5
企业的利润

尽管产业社会统一于钱,称为金钱本位,如同物理世界统一于力一样,人人摆脱不了钱的引力,但是企业不能把利润当作宗旨、使命和目标。理由只有一个,利润是做对事之后的一个结果。那么我们怎样去理解利润呢?

第一,利润是企业共同体创造的财富或盈余,是共同追求一项事业的报酬。这项报酬可以作为财富在个人之间分享,也可以作为资源用于企业共同的事业。

第二,利润作为一种财务性指标,用于检验企业共同的事业或主营业务是否有价值,约束和激励企业在共同事业上的行为,或追加投资,或放弃事业。

第三,利润作为一种财务性的绩效指标,用于衡量企业正在做的事情是否有效、是否正确、是否达到了预期的效果。

由此而论，利润作为一种指标，用于检验的是事业和事情，以及事业与事情背后的逻辑。利润能否反映背后的逻辑，是检验一个企业是否诚实守信的关键。这关系到一个企业能否成为共同的事业，也关系到一个企业能否自律，更关系到一个企业有没有权力获取更多的社会资源，谋求更大的发展。

脱离事情和事业的背后逻辑，单纯地追求和追逐利润，是当今产业社会一些乱象的根源，也是有些企业作恶的开端。

利润不能成为企业追求的目的或目标。如果我们真的把挣钱当成一件事来干的话，那真的要想想后果，后果会很严重。邱永汉说，你要是追着钱去，你会被折磨死的，要想办法让钱追着你走，才能活出个人样。

早在20世纪80年代，就有某些企业这么干——什么能赚钱就干什么。这跟捡钱差不多，比抢钱好一点。几年以后，这家企业找人做了一个战略：以房地产为龙头，以工业和农业为基础，以商贸和证券为支柱，全面发展。真的好悲惨，好端端的一个企业，已经没有什么事业了。

诸如此类的企业还不少，号称企业集团，下属子公司有二三百家，看上去却像一个农贸市场，满视野都是摆摊的个体户，老板就是那个收租的人，收取的是管理费，挂的是管理当局的头衔，干的就是市场管理员的活。

到了 20 世纪 90 年代，中国的制造业开始崛起。很遗憾，人们没有吸取前人的教训，依然沿着企业利润最大化的路走，而不是沿着企业价值最大化的路走，结果更惨。应了红楼梦中的一句台词：乱哄哄，你方唱罢我登场。

有制造企业的老板说，企业必须做大，不做大绝不可能做强。在公开宣称的背后，追求的是规模经济，通过扩大产销规模来获取更多的利润。

很不幸，竞争性行业的企业习惯了有样学样，纷纷唱起了做大做强做久的歌谣，谁不做大谁倒霉。它们共同创造并陷入了产业社会的乱象，最终纷纷走上了做大、做虚、做烂的道路。

如果企业老板真的看过马歇尔的经济学理论，就不会这么蛮干了。一旦大家都这么想、这么干的时候，用不了多久就"规模不经济"了，企业的边际利润率就会趋于零，扩大产销规模只会降低利润率。没理论太可怕了。

更可怕的是，这些企业为了活下来，不顾供大于求的现实，持续提高产能和产量，企图获取更多的现金流量，成为"现金流量依赖型企业"。它们误认为，只要现金流量大于成本费用，企业就能周转得开，就能活下来。

紧接着，一些企业兼并重组那些濒临倒闭的同类企业，继续提高产能和产量，增加现金流量。同时，把制造业务的现金流拿到房市和股市中去炒作。最终的结果是，引发两市虚高，给产业社会带来负面的影响，直至今天。如果企业只知利润，不知事业为何物，那就很有可能殃及社会。

德鲁克强调，所有企业都要以社会为己任，把使命与人们的生活理念、生活方式和生活品质联系起来，并把这当作机会，当作日常经营活动的目标，使之变成一个获利的事业；引导员工在获利的事业中施展抱负，锻炼才干，取得成就感，而不是单纯地满足他们在利益上的欲望或诉求。

不能说追求利润的企业就一定不会成功。鱼有鱼路，虾有虾道，大路朝天，各走一方。企业的成功似乎有两种道路，借用古人的概念，一是王道，二是霸道。

一些企业走的是王道，谋求长期价值最大化。走王道开始时很慢很艰难，但只要坚持就能够挣钱，最终还能帮助企业共同体成员获得成就感，过上体面的生活，并对社会生活的祥和与安居乐业有促进作用。

另一些企业走的是霸道，学秦朝制订KPI指标，按斩获的项上人头数升官晋爵。爵位就像股份一样，可以世袭或继承，福荫子孙。在这种激励机制的作用下，外加强大的管控体系，人人奋勇杀敌，个个前赴后继。秦兵视六国为羔羊，六国视秦兵为虎狼。胜负立见，毫无悬念。

有一件事情一直让人想不通，为什么秦朝二世而没？到了唐朝，

企业的本质 ○ ○ ○

人们还在继续反思,《贞观政要》中有记载,为什么打天下易,坐天下难?至今无人能解。其实道理很简单,王道与霸道,势不两立。霸道靠掠夺,王道靠创造。两者的事业逻辑是不一样的,事业逻辑中的人也是不一样的。真可谓,成也萧何,败也萧何。

德鲁克看到了产业社会正常运行的内在规律,强调王道,反对霸道。这对于一个急于求成、一夜暴富的创业者来讲,要想清楚,一开始就要选择好发展之路;更要讲清楚,挣钱就是挣钱,做事业就是做事业。王道与霸道,两者不可兼容,且很难逆转。

企业老板有机会看看英国非主流经济学家舒马赫的书《小的是美好的》,也许脑子就会清醒一点,不会跻身于产业社会的乱象之中,至少能够自律,不作恶。舒马赫认为,工业化及其生产方式具有内在的暴力倾向,加上诸多企业又以缺乏人性的数量指标进行激励和约束,已经造成了对人类社会的威胁。

6
企业的文化

企业要是缺乏良知和良心,那就是一个没有文化的企业。

德鲁克认为,董事会或企业领导阶层的主要职责是,关心全体员工的良知和良心。从最高级别的领导到最普通的员工,他们的良知和良心决定了一个企业精神境界的高低。任何企业只能在全体员工认定的精神境界范围内成长。

企业文化建设,说到底,就是表达一个企业的良知和良心,使每一位员工在任何情况下都能敬天爱人,表达善意,至少不作恶。

为了唤起全体员工的良知和良心,企业必须遵循天道人心,确立企业的宗旨与使命。即便企业一时不能完全做到,也要公开宣称,又称使命宣言,让全体员工知道什么是正确的,企业的价值立场是什么。每个人只有在正念下,才会活得心安理得,才会感受到阳光与美好。用学术的话来说就是，营造一个良好的组织氛围。

换言之，企业必须系统表达共同的意志和追求，当然是创业团队或事业伙伴的共同意志和追求。然后，借助于企业文化建设的过程传递出去，传递给每一个员工。在更大的范围内，感召全体员工加盟共同的事业，让每一个员工感受到内在的精神力量，对企业的未来满怀希望与信心。

一般而言，企业文化就是老板文化，就是创业团队或事业伙伴的文化。GE 公司的 CEO 就这么霸气，喊出的口号就是"加盟我的战略"。

问题是，老板的文化能感召多少人，能感召多少事业伙伴？所以，西蒙说，企业的领导集团必须是一个道义集团，而不是一个利益集团。

西蒙讲的是感召力的来源问题，只有站在道义的立场上，才有强大的感召力。可以说，伟大的企业必须建立在不言而喻的真理基础上。

企业文化就是老板文化不一定对，也许本末倒置了。老板的文化只有符合道义，才能称得上企业文化，才能感召更多的人加盟共同的事业。

一般认为，企业文化就是一系列的价值观，企业文化建设就是统一价值观。西蒙也是这么看的，认为企业管理的核心命题就是统一大家的价值观。这样做，企业管理的头等难题就可以解决了。

企业管理的头等难题是，如何确立"共同的目标"和"协同的意愿"这两个条件，这关系到一个企业组织的存在。这是巴纳德提出来的，他为此写了一本传世之作——《经理人员的职能》。难点在于，共同的目标和协同的意愿，两者互为前提。没有共同的目标，协同的意愿发展不起来。反之亦然，没有协同的意愿，不可能确立共同的目标。解决之道就是，通过经理人员的努力，建立和维护这两个条件。由于这种努力是需要全方位持续进行的，不可或缺的，因而成为经理人员的职能，也就是管理职能。

西蒙觉得有更好的解决之道，只需要统一大家的价值观就可以了。因为企业中有关未来的重大决策都是基于价值的，而不是基于事实的。统一了价值观，也就统一了决策的前提，或称为决策的价值前提。说白了，任何人在遇到事情的时候，都是依据内在的价值观做出选择的，值就做，不值就不做。何况企业中的"决策－执行"路线都是自上而下的。上位决策，下位执行。加上谁都知道，任何决策都是有遗憾的，不会是圆满的，尤其是基于价值观的追求，不是绝对理性的，也不讲究正确与否，满意就可以了。

只要在管理上统一了大家的价值观，就很容易确立共同的目标，并很容易形成协同的意愿。只要把决策当作一个过程，让相关人员参与进来，决策之后就很容易执行。换言之，只要不把决策当作老板一个人的事，只要不把老板当作老是拍板的人就可以了。

很多人认为，企业只要统一了价值观，事情就好办多了。有个老板是这么说的：企业文化建设是最高的管理。企业有了文化，统一了价值观，每个员工就能做到自动自发自觉自愿。好像文化建设就是一种驱策，为了获得执行力。

统一价值观，谈何容易。西蒙的这个思想并不真实。用他自己的话说，逻辑上说得通的事，现实中未必行得通。

企业的历史一般都很短，不可能靠统一价值观来决策做事，不现实。人类几千年的文明史，有多少人的多少价值观是统一的？又有多少人成为悟道之人？不是没有，但很少。何况学坏容易学好难。孔子都说了，没见过好德如好色者。

人的价值观是含而不露的，没遇到事情时连自己都不知道自己拥有多少以及什么样的价值观，而且还经常变。培根说了，人类很早以前就琢磨自己，历经千年，最不了解的还是自己。

每个人的价值观都是不成体系的，而且往往混乱不堪，没有经过严格的训练和思考，就不可能整理出一个头绪来。统一价值观是理论工作者的事，不是企业的事。

斯宾诺莎花了12年的时间写了一本书——《伦理学》，用点线面的方式把价值观梳理出一个体系。朱熹好像也干过这件事，梳理出一个体系，概括起来四个字：忠孝节义。书生就是书生，能干的也就是这点事。

统一价值观与信仰是宗教干的事，即便如此，各个教派也有纪律，并建立等级秩序加以约束，通过各种方式方法进行长期教化。

企业真正要做的事情是，保留每一个人的自由意志，激活他们的个性，使他们的天赋、主动性和创造性发挥出来，并约束他们为共同的事业与目标做贡献。古人说得好，君子和而不同，同则不继。打个不恰当的比方，家里养一缸鱼，没有人在乎鱼缸有多大、多气派，而是在乎缸里的鱼有多鲜活。没有人喜欢缸里只有一条鱼很神气，而是喜欢缸里的每条鱼都很神气。

企业文化建设要做的事情是，明确企业的宗旨和使命，由此约法三章，确立企业的共同体。具言之，按照企业的宗旨和使命，以及与此相对应的价值观与行为规范，制定严格的规章制度，约束和激励每一个共同体的成员。

企业文化建设是为了制度建设，靠制度及规则约束和规范每一个人的行为，构建和维护共同体，这是每一个人赖以生存和发展的根本。唯有如此，才能从根本上唤起每一个人的主动性和创造性。

企业可以倡导价值理念与道德品格，给每一个成员指明方向，但不要企图统一人们的价值观，这几乎是一种奢望，很容易变成一种失望。

没有制度约束的价值理念触及不了人的灵魂，也武装不了人的头脑，能够影响的只是人的嘴巴，表现为一种态度。企业需要的是守规矩的人，需要的是言必信、行必果的人。

7
企业共同体

人们为什么会努力维护一个家庭，会鼎力相助家庭成员，是因为家庭是一个共同体。只要企业能够成为一个共同体，员工就会努力维护这个共同体，并相互提携，努力为共同体做贡献。

家庭成员的价值观是不一样的，也不应该是一样的。如果他们的价值观是一样的，行为也是一样的，循规蹈矩、四平八稳，家庭生活就会一点乐趣都没有。万一环境变化、时代更替，这个家庭就会失去生气和未来。

很多人以为，家庭是一个自然的共同体，是由血缘连接的，这种说法不完全正确。东西方家庭的差别非常大，血缘并非是绝对的，还有其他更重要的因素。看看动物世界就明白了，家庭并非是天然的，而是被人为组织起来的，是一项人的智力活动，是由两个毫无血缘关系的人结为夫妻刻意组织起来的。

组成家庭不是为了追求更高的利益目标,而是为了休养生息,防范环境与未来不确定性的风险。这是物种的天性,是高智商物种的天性。居安思危是高智商的表现,不赔钱是投资人的聪明与智慧。

后来的圣哲遵循自然道法,提倡一系列的核心价值观,如仁义礼智信,制定一系列的行为规范,如温良恭俭让,美其名曰伦理道德,并把这一切落实到清规戒律上,如三纲五常、忠孝节义,激励和约束社会成员努力组成和维持家庭关系,为一个社会建立秩序做贡献。

久而久之,人们逐渐被教化,习以为常,并以为这是天经地义的,看到谁不谈恋爱、不结婚、不养育孩子,心里就不舒服,自动自发自觉自愿且理直气壮地加以过问和干预。在这些人看来,男大当婚女大当嫁;不孝有三,无后为大;养不教父之过,教不严师之惰。

如果看过滕尼斯写的书《共同体与社会》就会知道,社会中存在着一个一个的共同体,这是自然的社会结构与状态。过去,家庭是基本形态,称为家庭社会。现在与未来,企业及各类机构是基本形态,是社会共同体的基本存在形态,称为产业社会。

企业中的人,相处有远近,情感有深浅,志趣有差异,才能有高低,不能一视同仁。企业共同体也要分出层次,可以依据对共同事业发展的重要性程度,分为命运共同体、事业共同体和利益共同体。随着企业共同体的演变,三个共同体的成员会有相应的增减,其原则依然是共同事业发展的需要。

三种共同体都有明确的权利、义务和责任，并且在制度上做出安排，尤其要按照公道、公平、公开、公正的原则，把利益关系讲到明处，落在实处。至于怎么规定并不重要，能达成共识就行。可以是效率优先，兼顾公平；也可以是公平优先，兼顾效率。关键在于讲清楚，并能够在制度上给予保障，并能维持利益关系的动态均衡。

创业者老板及创业团队要努力构建的是命运共同体，并努力吸纳更多的事业伙伴加盟命运共同体。命运共同体成员要能把灵魂抵押给彼此的伙伴，命运与共、生死相依、不离不弃。打造坚强的领导力量，推进共同的事业，并分享企业的长期价值，或股权的红利和升值。

企业的事业，说到底，就是企业在产业价值链条中的地位，以及支撑这个地位的价值创造流程。同类的概念非常多，诸如业务模式、商业模式、盈利模式、生意模式与经营模式，等等。

企业必须物色优秀的人才，努力使之成为事业共同体成员，共同打造并强化企业价值创造的流程，并分享短期的利润。按照帕累托 2∶8 法则，支撑企业价值创造流程的关键人物也就占 20%。因此，事业共同体的成员理应分得更多的当期利润。

稻盛和夫依据自己成功的经验提出了三分利法：1/3 的利润作为红利，分给命运共同体成员或股东；1/3 的利润作为奖金，分给事业共同体成员或要职要员，作为特例，还应该包括短期聘用的专家级人才；还有 1/3 的利润作为年终绩效奖金，分给 80% 的利益共同体成员或普通员工。

最后是利益共同体，他们占企业共同体成员的大多数。企业必须保障他们的生活，要设立相应的工资基金和工资风险基金，优先保障他们的工资收入，减免离职或辞退上的个人风险与障碍。这对企业来讲，不失为明智之举。降低退出障碍有利于调整人员的结构，摆脱过去，走向未来。

思考题

1. 使命与愿景的区别是什么?

2. 如何理解利润之上的追求?

3. 为什么企业倒闭是常态?

第4章 企业的战略

企业的宗旨和使命是为了最大限度地唤起内生的力量。接下来就是战略，就是把企业创造价值的能力引导到顾客的需求上去。然后构建经营模式，在两者之间建立联系，形成良性循环。

对初创的企业来说，不仅缺少价值创造能力，而且还缺少顾客的需求。建立这两个条件就成为企业战略最初的任务，核心内容是长处与机会。

创业者要在自己的长处上做文章，并把长处引导到社会的需求上去，引导到潜在的市场需求上去，形成最初的能力以及有商业价值的事情。

引用蒂尔的话说，一项伟大的事业往往始于一个秘密。这个秘密中应该包含两个要素：社会需求和核心能力。所谓秘密，就是可以把两者连接起来，把别人没发现的需求和别人没有的能力两者连接起来。

这种战略的本质规定性，不会随着企业规模的扩大而改变。改变的只是战略形态，即如何把能力引导到具有商业价值的事情上去，如何合乎商业逻辑地把能力引导到顾客的需求上去，形成企业的事业理论，并选择合适的经营模式，维持再生产的良性循环。

1 在长处上做文章

创业者要懂得把企业建立在长处之上。就像一个人一样,要是没有长处,别人想夸几句都找不到词,没有存在的价值和理由。

长处是一种资源,是人的天赋与才能,就像奇草异花一样,天造之物,不可多得,需要用心去采集。寻找有独特才能的人是创业者战略的起点。

聚集起有独特才能的人,哪怕是一两个身怀绝技的人,都能干成一个像样的企业,关键是把这些个人的独特才能变成更多的人能做的事情,具有商业价值的事情,所谓产品与服务。然后,坚守本行,把能够做的事情做好,做一个最好的自己,一心一意培育企业的经营模式。就像一个孕妇一样,一心一意孕育一个健康的宝宝,充满了喜悦与期待,耐心地度过 0～1 的孕育期。这也叫创业期的红利。

从这个意义上说，战略就是创造自己，在创造顾客的过程中，创造出一个经营模式。没有哪个女人会急于求成，依靠资本市场或出资人去领养一群猴子，成为一个耍猴子的人。

每个企业必须依靠价值创造的核心能力，依靠全体成员天赋、主动性与创造性的发挥，获取企业长期存在价值；而不是依靠内生的极端力量，持续地扩大产销规模，获取企业的存在感。这对创业者是一个挑战，创业者必须要有胸怀，懂得合作共赢，懂得抱团打天下，而不是包打天下，懂得把每一个人的长处整合起来，转化为创造财富的能力。单个人只是资源，即人力资源。只有组织起来，形成经营模式，形成分工一体化关系体系，才是创造财富的源泉。

盛田昭夫是一个懂得合作的人，一个有胸怀的组织者。他与井深大走到一起，只是为了联手开发磁带录音机，把个人的才能转化为产品，转化为产品的生产能力，转化为创造物质财富的能力。他有一个强烈的信念值得后来的创业者学习，即坚信技术的进步是人类财富的源泉。

一个企业要想善始善终，不投机、不作恶，一开始就要关注价值创造的能力，把企业建立在人的长处上，建立在技术进步的基础上。不要把希望寄托在什么高端的思维或谋略上。

福特也是这种技术迷，坚信工业技术的潜力是无限的。在他看来，战略是一件非常简单的事情，要让社会上更多的人分享技术进步的恩惠，包括以机器代替人力。

本田宗一郎更是这种人，一个技术玩家，一心一意谋求技术进步，公司就叫本田技术研究所。有人建议他向消费者请教。他说，那是混账的话，我们是专家，知道消费者需要什么。

丰田英二认为，造物是创造价值、创造文明的起点。造物与技术发展关系密切，技术因造物进步。这一切始终依赖于人，依赖于知识的积累。企业发展的源泉首推技术。在有高技术之称的现代，企业如果不拥有自己独立的技术，就生存不下去。

企业的本质 ○ ○ ○

2
努力找到顾客

对创业型公司来讲,战略就是在长处与机会之间建立联系,把长处引导到可能的商业机会上去。

企业有了价值创造的事情与能力,一定能找到顾客。相反,找不到顾客,所做的事情没有商业价值,企业一定不会变得更好。企业好似刀,顾客就是磨刀石,只有不断磨砺才会宝刀不老,空耍大刀永远不会锋利。

盛田昭夫一开始并不知道市场,也没有战略上的高端思维。这很正常,没有人天生就会做市场。只要有市场意识,并不断地去找人聊天,最终都能学会,都能与市场建立联系。这里的关键是创业者必须亲力亲为,不辞辛苦,承担起企业两项最初也是最重要的职能——创新与营销。实践结硕果,多想出智慧,用不了多久就会产生更多的见解与思路,懂得如何多快好省地实现顾客的理想,或解决顾客的难题。

磁带录音机开发出来之后，盛田昭夫与井深大就分工了，一个管市场，另一个管技术。

盛田昭夫身体力行，像一个推销业务员一样，拿着产品到处推销，到处奔波。他很清楚，经验必须发生在自己的身上，如果自己不会卖，就别指望别人会卖。自己找不到顾客，就别指望别人会找到顾客。对初创企业的老板来说，自己必须成为营销和创新的第一责任者。

他非常清楚，最初的 50 台新产品要是卖不出去的话，索尼公司就会胎死腹中，因此自己必须豁出性命杀出一条血路，这叫置之死地而后生。

他并不知道谁会对磁带录音机产品有兴趣，这世上谁都没见过这样的东西，而且这东西长得很蠢，个头很大，像个旅行皮箱，价格又很贵，17 万日元。他只能进行地毯式的陌生拜访。

他来到一家居酒屋，找个地方坐下来，悄悄地把耍酒疯的声音录下来，再播放出来，引起了围观，酒店常客纷纷劝说店主买下。店主一打听价格，吓了一跳，说这个玩具太贵了。盛田昭夫意识到自己来错了地方，找错人了。他们千辛万苦开发出来的一代全新产品，对居酒屋的人来说就是一个玩具。时间就这样一天天过去了，产品一台都没有卖出去，他真的不知道顾客是谁。

有一天，盛田昭夫走累了，百无聊赖，进了一家古董店歇歇脚。他看见一个古董商端详了一个旧碗，当即付了 17 万日元。盛田昭夫忍不住叫出声来："真是一笔好买卖！"就在此刻他明白了，事情其实很简单，弄清楚磁带录音机有多少种用途，然后告诉可能的消费者，告诉有这种需求的顾客。

很快，盛田昭夫找到了文部省，通过文部省向中小学推广，用磁带录音机辅助英语教学。战后，美国占领日本，要求日本普及英语教学，而当时的日本英语老师奇缺，有了磁带录音机，老师就解放出来了，可以用有限的老师教育更多的学生。学生可以围着录音机一遍遍地听，一遍遍地学。尤其可以把自己的声音录下来，反复对比，自我纠正发音。

盛田昭夫还找到了警视厅，用磁带录音机代替速记员。当时的日本民不聊生，社会治安很差，小偷小摸、打架斗殴等不良事件频发。由于录口供的速记员太少，警视厅人满为患。索尼公司的磁带录音机以机器代替人力，帮了警视厅一个大忙。

未来会怎样，谁都难以预料，只能专心致志、摸索前行，做一个最好的自己。按照大前研一的说法，战略就是不断拓展未来的自由选择空间，使企业的路越走越宽。

绝大多数企业家都是白手起家，没受过什么良好的教育。经历的事情多了，自然会有战略头脑。就像一个人的力气一样，是练出来，不是听课听来的，也不是吃瓜吃出来的。

我们并不反对学习，也不反对听课。恰恰相反，企业家是一群虚心好学的人，并且是一群背负着身家性命进行学习的人。但是，他们不是为了学习而学习，学习是为了促进思考，还需要加以实践，练就自己的心法。孔子曰：学而不思则罔，思而不学则殆。

心法使一些企业家从成功走向更大的成功。企业家的心法不会简单地获得，也无法简单地加以传授。心法与阅人无数、人情练达也有关。吃一堑，长一智。不是亲身经历，纸上得来终觉浅。

高端思维、心智模式或心法不是什么工具与方法。离开了心法，SWOT 分析是没用的，根本区分不出优势与劣势，区分不出机会与威胁。古人云，大道无术。千万不要拿工具与方法，来代替持续的努力与辛勤的付出，以及由此练就的心法。

3

战略的核心内容

企业完成 0～1 的创业期之后，形成了企业能做的事情或价值创造能力，也有了稳定的顾客。战略的核心内容就是把企业的能力引导到顾客的需求上去。如何引导？这就需要合乎商业逻辑的事业理论。

宜家是瑞典的一个商家，1943 年创立，在全球 38 个国家和地区拥有 280 个商场，每个商场都有几万平方米的营业面积，经营一万多种产品，从植物和客厅用品，到玩具和整个厨房，有布置居家所需要的一切。在如此庞大的帝国背后，并没有旷世绝伦的竞争韬略或计谋，甚至没有独特的核心技术，只有简单的商业逻辑，所谓事业理论。

宜家的创立者英格瓦·坎普拉德少年时就开始做生意，先向邻居兜售火柴，后来又卖鱼、圣诞树的装饰物、种子、圆珠笔和铅笔，一直做到家具。他发现一个问题，行商都是隔山卖牛，漫天要价，就地还价，拼的是个价格。顾客真正需要的是货真价实的东西，而不是便宜货。于是他决定开一家门店，当坐商，把性价比最优的商品陈列在那里，供顾客选择。这是商业的正道。

接下来，合乎逻辑的难题是，如何吸引顾客前来光顾？于是他建造了47 000平方米的第一家门店，用体积上的"存在感"代替品牌或口碑上的"存在价值"，招徕顾客。

有了如此庞大的经营面积，麻烦就更大了。企业战略就是沿着商业的逻辑，一步一步想下去，把商业的逻辑讲透说通，形成企业的事业理论。按照德鲁克的说法，企业的事业是超越一个人的寿命的，必须讲清楚，让大家一起沿着这个事业理论往下走。

要经营如此庞大的面积，就必须在提高单位面积的品种数的同时，保持20%的畅销产品，以便吸引更多的顾客，并不断提高单客成交量。

英格瓦想到了要成立三个功能性的团队。这就迫使他走上经营一个事业的道路，努力去构建一个经营模式，而不是仅仅把自己当作一个零售渠道。

一是采购团队，按顾客的需求，进行全球寻货、定制与采购。中国举办第一次广交会的时候，这个团队就来寻货、询价了。

二是储运团队，依靠销售统计和市场预测，在信息管理的基础上不断调整库存结构，不断补充新货并淘汰滞销货，加快货品周转。

三是促销团队，按照顾客居家过日子的习惯，布置有场景感的购买场地，诸如客厅、卧室、儿童房、书房等，让顾客有身临其境的感觉。同时，制作销售指南，图文并茂，写清楚价格和编号，方便顾客选购。

沿着这个思路往下想，自然的问题就是，如何把这三个功能性团队统合起来，形成内在的统一性？这就是成立商品目录设计团队，由这个核心团队来统领采购、储运、促销三个团队，确保这三个团队高效有序地运转。

这才是真正的战略思维，经营好一个事业的战略思维。至今为止，本土家具零售企业还没有建立这种战略思维，即建立商品目录的设计团队，并把这个团队置于核心地位，推动事业的持续发展。

有了商品目录设计团队，宜家就一步一步地走上了顺境，道路越走越宽。从商品目录设计演进到商品设计，以及家居整体设计，并带动各个功能团队不断发展，形成强大的经营模式，从产品经营模式到企业经营模式，一直发展到了产业经营模式。如今，宜家在全球53个国家有1300个供应商，成为产业价值链的组织者。

按照波特的说法，宜家是一家没有核心技术的零售企业，却能依靠经营模式处理供应效率与需求效用之间的矛盾，有效地满足顾客的需求，履行企业的使命。

宜家的理想是，为大众创造更美好的日常生活。它的商业理念是，提供种类繁多、美观实用、老百姓买得起的家居用品。

4
战略的任务

企业直面的根本问题是，如何维持再生产的良性循环。其中成败的关键是，维持生产与消费之间的平衡。如果加上竞争者因素，那么就必须维持生产、消费与竞争之间的平衡。

企业战略的任务就是要解决企业的根本问题，解决再生产良性循环问题，解决生产、消费和竞争之间的平衡问题。换言之，在更长的时间跨度内，在更大的空间范围内，解决"发展企业、成就顾客、超越对手"三者之间的平衡问题；或者，处理好企业、顾客与竞争者之间的动态关系，维持自身再生产的良性循环。

战略是一种维持企业再生产良性循环的状态。就像一个人一样，要想福寿康宁，靠的是智慧与境界，而不是谋略与计谋。有句话是这么说的：机关算尽太聪明，反误了卿卿性命。

企业战略的选择主要是在"产品经营、企业经营和产业经营"三种模式之间做出选择。从这个意义上说，企业的战略是一种经营模式的选择，没有太多的谋略可言。

很多人不把企业战略理解为使命愿景下的事业理论及经营模式，而是理解为竞争战略，理解为灵光一现的策略招数。殊不知，打败对手并不能确保自己长期活下来，更不能确保自己成长为一流的企业。

当年，卡西欧兄弟俩拿着计算器参与市场的竞争，他们大惊失色，因为满视野都是巨无霸的企业，有佳能、索尼、日立，还有夏普，等等。如何赢得竞争呢？经过深入的分析和观察，他们发现夏普用"变品种、变产量和变价格"的策略手段独占鳌头，获得了17%的市场份额。卡西欧兄弟以其人之道还治其人之身，以50%的速度更新品种，以100%的速度降价，以200%的速度提高产量，迅速崛起，成为电子计算器市场的龙头老大。

卡西欧兄弟做的事情只能算是竞争策略，是产品经营模式下的竞争策略，就像财务策略、4P策略、人事策略一样，是做具体事情的策略。然而，所有这些事情及策略，都必须统合到企业所选择的经营模式之下，统合到企业战略的根本任务之下。

如果没有经营模式的约束，只有利润最大化的要求，那么竞争策略就可能被理解为企业的战略，波特的《竞争战略》和《竞争优势》中的理论，就被很多人误解为是企业战略的理论，并把五种竞争力的分析，即五力模型，当作研究企业战略的工具。

第 4 章 企业的战略

尽管战略一词来自战争，但应用于商业活动领域绝非等于竞争战略。有人把商业活动理解为商战，认为商场如战场，这是一种误解。

商业活动领域的本质是创造而不是掠夺，是争夺市场而不是攻击对手，是竞合而不是消灭对手。企业被淘汰出局，直接原因应该是被顾客抛弃，而不是被对手攻击。这一点，商场不同于战场。商场如同竞技场或赛场，不可以直接攻击对手或打倒对手。即便是对抗赛，也必须按规则出牌。摒弃一切假冒伪劣、坑蒙拐骗。不遵守商道，不遵守商业规则，产业社会则永无宁日。

当我们说攻击竞争对手的薄弱环节，打断对手与顾客的联系，等等，通常是在套用军事术语，但与战争的场景完全不同。真实的商业场景是，发挥自己的长处，避免自己的短处，在对手忽略而顾客认为有价值的环节上形成自己的相对优势。退一万步说，商道强调的是成人达己，表达善意，己所不欲勿施于人。至少不损人利己，不为利己而作恶。

随着时代的文明进步，产业社会已经开始脱离丛林状态，企业战略不再是克敌制胜、你死我活的韬略或计谋，企业不能用粗暴的手段直接打击对手或消灭对手。

企业的战略理念必须改变，依靠价值创造能力及优异的市场表现赢得顾客的青睐，自立于产业社会之中，成为功能型社会中的一环。

作为战略的根本任务，维持企业再生产的良性循环，除了产品经营模式之外，还有更好的模式，这就是企业经营模式与产业经营模式。

钱德勒的著作《看得见的手》系统地总结了美国大公司的成功经验，就是用管理这只看得见的手，去协调企业再生产的全过程，包括经销商与零售商，确保产品能够快速地通过分销与零售的各个环节，顺利到达消费者手中。

钱德勒以无可争辩的事实否定了经济学的两条基本原理，即规模经济与市场协调。他认为，企业能否成功，包括能否盈利，不在于规模，而在于速度，在于通过生产、流通、交换、消费各个环节的速度。而通过速度取决于通过能力，取决于管理协调能力，对经销商、零售商，乃至消费者的协调能力。

这就告诉我们，企业的可持续发展不能停留在产品的思维方式上，不能停留在产品与需求的关系上，不能停留在产品经营的模式上。要跳出见物不见人的思维，沿着企业再生产循环的路线，与上游供应商和下游经销商结成供求一体化的关系体系。在这里，不妨把这命名为企业经营模式。按照波特的说法，就是后向一体化战略与前向一体化战略。

现如今，产业社会的专业化分工越来越精细，分工之后的一体化变得越来越困难，即看不见的手越来越无能为力，所谓市场机制的失灵。维持企业再生产循环有赖于更高的战略形态，这就是产业经营模式。

有经济学家声称，21世纪将是跨国公司的时代，它们在全球经济范围内扮演产业价值链网络的组织者角色，构建起一个个的产业经营模式，维持着成员企业的再生产循环。

在日本，各大综合商社是产业价值链的组织者。它们依靠产业经营模式，构建起产业价值链的生态，维持着相关企业再生产的循环。可以说，产业经营模式是企业长寿的秘密，是百年企业隐而不宣的秘密。

5

产品经营模式

产品经营模式作为企业战略的一种模式,是初创企业的自然选择,但它的作用是有限的,在当今世界的竞争格局中,它难以长期维持再生产的良性循环。

福特的最初选择也不例外,选择了产品经营模式,并把这种模式发挥得淋漓尽致,赢得了企业的莫大荣耀。然而,他没有自我超越,适时转向企业经营模式,仅仅30年的光景就被通用汽车公司超越了。

福特是一个技术玩家,早在1896年,他就一边给爱迪生公司当工程师,一边开发自己的汽车。这是他的长处,也是他的兴趣所在。经过12年的努力,他把自己的能力和长处变成了可以销售的商品,于1908年开发出T型汽车。这款汽车的性能超过了当时的所有汽车,包括德国的奔驰汽车。又经过了5年的努力,他以机器代替人力,于

1913年开发出了固定流水生产线，形成了T型汽车的价值创造流程。这大大提高了产能和产量，大大降低了成本和售价。

1908年，福特汽车的售价为780美元，同行的售价在2500美元以上。1915年，福特汽车的售价为200美元。在1908～1927年，福特挣了10亿美元，占全球市场份额的50%以上。

尽管福特没有明文表达的使命，但他的商业眼光是着眼于整个社会的。在他看来，如果生产汽车的人也买得起汽车，那么市场容量就会非常大，工业技术的潜能就会充分发挥出来。有了社会的视野，才能创造顾客，创造出汽车的大众消费市场。

很遗憾，福特的战略思维局限在产品上，停留在产品经营模式上。即便在产品上，也只是做足了价格维度的文章，忽略了性能维度上的事情，导致生产效率和消费效用之间的矛盾激化。按照经济学的说法，消费者的效用是递减的。

1918年，斯隆加盟通用汽车公司，1923年出任总裁。他利用福特公司的供求矛盾，在产品的性能维度上展开对福特公司的竞争与争夺，开启了汽车消费的精英路线，不同于过去的大众路线。同时，改变战略形态，大肆笼络经销商，结成了厂商一体化的关系体系，形成了企业经营模式，确保再生产过程的良性循环，并阻断福特公司与市场的联系。可以说，企业经营模式才是企业战略的根本选择。

1921年，通用汽车公司的产销量为21万辆，市场份额为7%。

1926年，这两个数据分别上升为120万辆、40%。1940年以后，通用汽车公司全面超越福特公司，成为龙头老大。

在1927～1946年，福特公司的业绩一路下滑，濒临破产。直至福特二世上台，启用"蓝血十杰"，转危为安。整个过程持续了19年，赔了10亿美元。

第 4 章 企业的战略

6
丰田的故事

在战略形态的选择方面，值得一提的是丰田公司。很多人误以为丰田公司的成功在于生产方式和产品经营模式，而不知道丰田公司成功的秘密是企业经营模式——在生产方式的基础上构建起来的企业经营模式。石坂芳男的《丰田销售方式》可以佐证这一点。

按照德鲁克的观点，生产只是成本，效率再高的生产也只是成本。很少有人知道，丰田公司在构建产品经营模式及生产方式的过程中几近破产，最终是三井财团的帮助使丰田公司走出了困境。

1930 年，丰田喜一郎接受了家族的一项使命，开始研发汽车。1937 年，丰田汽车公司正式成立。

丰田喜一郎的过人之处不是打造一款产品或打造一款爆品，而是经营汽车这个事业，或者说，把生产汽车当作一桩事业来经营。这是一种企业战略的思维。

他首先要弄清楚的是,福特公司是怎么经营汽车的?福特公司的经营模式是什么?毫无疑问,福特公司选择的是产品经营模式。

映入喜一郎眼帘的是一个庞大无比的工厂,里面有8万名工人,都是南美的移民,没有受过什么教育,也没有家族传承的手艺,是纯体力劳动者。在这个工厂中,有橡胶林、炼钢厂、炼铁厂、炼焦厂、自来水厂和发电厂,还有各种零配件的生产厂与装配厂。各个厂之间用各种装置连接与联动,像河流一样滚滚向前,连绵不断,活脱脱一台生产汽车的巨大机器,每天能生产6000辆轿车,每辆轿车卖200美元。

只要看一眼这样的工厂,就足以把人吓傻。喜一郎非常清楚,他不可能照搬照抄福特公司的模式。罗马不是一天建成的,福特公司为此整整经营了40年,像滚雪球一样,在良性循环中逐渐积累、逐渐改善、逐渐壮大。

喜一郎要弄清楚的是,这种产品经营循环的逻辑是什么?这种循环的逻辑有没有缺陷?也就是说,他要弄清楚产品经营模式背后的范式,弄清楚产品经营的范式,从而确立自己的产品经营范式,即赢的逻辑或赢的道理。

福特公司的产品经营范式是:更大的规模、更大的批量、更长的周期、更多的资金占用、更低的成本、更低的售价,直至市场垄断。喜一郎非常清楚,这种范式的适用条件是成熟的产品和不成熟的市场，加上先发优势，迅速获得市场的垄断地位。然而，汽车大众消费市场已经成熟，这些条件和先发优势已经时过境迁，不复存在。并且，福特公司这种单一品种量产量销、外延扩张的模式，最终会引发供求关系的逆转。

穷则思变，喜一郎终于在福特公司的产品经营范式中找到了出路，这就是更小的规模、更小的批量、更短的周期、更少的资金占用、更低的成本、更低的售价，要点是"准时制"。

可以说，丰田公司一开始就建立在自己的长处之上，这就是准时制的概念。这个概念或长处直接扣在了产品经营范式上，可以有效平衡"发展企业、成就顾客、超越对手"三者的关系。由此可见，长处不一定是核心技术，也可以是一种创新的概念。

喜一郎非常清楚，这是一种独特的概念，属于首创。人们还不知道这个概念，也不会相信这个概念。这为企业赢得了时间和空间，培育出独特的产品经营模式。

难以置信的是，丰田公司0～1的孕育期实在太长，从1937年一直干到1949年，不仅准时制生产方式没有培育出来，而且企业濒临破产。1950年，三井财团帮助丰田公司重组，成立了丰田汽车销售公司，开启了丰田的企业经营模式。

1952年，喜一郎突发心脏病去世，享年57岁，没有见到准时制变成现实。他的人生信条是：百忍千锻事遂全。他是一位真正的企业家，强忍天下难忍之事。

7
企业经营模式

1950年，三井财团出面，重组丰田公司，专门成立了丰田汽车销售公司，由神谷正太郎任总裁，负责打通流通渠道与终端零售的各个环节，逐渐构建丰田公司与经销商、零售商和消费者的供求一体化的关系体系。

原来的丰田公司改为丰田汽车制造公司，石田退三为总裁，负责构建供应链的体系，即名古屋的丰田城，以及产品的研发体系。

丰田公司依靠制造和销售两个公司，又称制贩两个体系，把产业价值链的相关利益者组织了起来，形成了强大的供求一体化关系体系，这就是所谓的企业经营模式。这种供求一体化运营的关系体系超越了产品经营的范畴，把产品的买卖关系转变为人与人之间的关系，把利益相关者转变为共同体成员。这样就能抗衡竞争环境的不确定性，有效地维持再生产的良性循环。

德鲁克强调，企业的内在统一性，或统一于技术，或统一于市场。到了波特那里，强调基于产业价值链的一体化战略，或后向一体化，或前向一体化。

从丰田的实践来看，两位大师的观点并不准确，都没有认识到要依靠战略的形态，依靠企业经营模式来维持企业再生产的良性循环。

企业内在的统一性，以及前向与后向的一体化，只是手段并不是目的。至少一体化不是为了在产业价值链上四处漫游，寻找可能的商业机会。丰田公司的目的是清楚的，就是把产业价值链上的利益相关者变成共同体成员。

技术的统一性与后向一体化最基本的目的是获取或掌控核心技术，谋取技术扎根，这是企业再生产的保障。

华为的思维就是战略集中、战略聚焦、战略突破，以窥视"造物主"的秘密，听到"上帝"的脚步声，谋求技术扎根。

市场的统一性与前向一体化最基本的目的是获取并控制市场，谋取市场的扎根，这也是维持企业再生产良性循环的关键。

从产品经营模式转向企业经营模式的关键一步就是产销分离，生产制造系统与销售系统分离。这是神谷正太郎做的决策，目的是使厂商结盟，形成价值链的排序：顾客第一，销售第二，生产第三；把产业价值链倒转过来，统一于市场，统一于顾客。顺理成章，销售公司不再是制造公司的推销员，而是消费者以及经销商的采购员。

厂商结盟也是准时制生产方式的必要前提，否则各个环节的存货就无法控制，更不要说做到零库存了。

最重要的是，形成了企业内部的统一性，统一于顾客。这样顾客原则就确立起来了，产业价值链上的每一个环节都要为顾客做贡献，包括生产作业过程的每一个环节。所谓下一道工序就是顾客。

产品经营模式与企业经营模式的本质区别就在于，前者关注于"产品－需求"之间的关系，后者关注于"企业－顾客"之间的关系，关注于产品背后人的关系。

神谷正太郎担任销售公司总裁之后，没有忙于产品的销售，也没有忙于产品销售收入的提高，而是把资源和精力投入在相关利益者关系的建立上。具体的战略举措是，1954年买下东京立川汽车学校，用于培训丰田汽车的销售和维修人员；1955年出资建立丰田旧车销售公司；1957年创办亚洲最大的中部汽车学校。另外，还投资国际公路、广播公司、电影公司、保险公司、调查中心、设计中心，等等，以开发与网罗机构用户和普通消费者。可以说，企业经营模式就是经营顾客，经营相关利益者。

8
西尔斯的故事

工业制造企业难以摆脱自有产品生产与销售的逻辑，难以站在消费者的立场上思考问题。尤其在追求规模经济的条件下，事情更是这样。只有神谷正太郎领导下的丰田公司才敢下这样的决心，走产销分离和厂商结盟的道路，构建企业经营模式。

似乎商家更容易摆脱产品买卖的思维，把产业价值链倒转过来，站在消费者生活方式的立场上，成为消费者生活方式的采购员。

早在1895年，西尔斯公司的领导人罗森华德就懂得如何建立企业和顾客的联系，按照农民的生活方式建立企业价值贡献的能力。

罗森华德执掌西尔斯公司达十年之久，经营的是农民及其生活方式，而不是渠道和商品。不像创始人理查德·西尔斯那样，应用邮购业务到处兜售手表、表链、表针、珠宝以及钻石，最终导致企业无法

企业的本质 ○ ○ ○

稳定经营,濒临破产。

罗森华德选择了天各一方、远离城市的农民作为自己的顾客,作为邮售邮购业务服务的对象,组成了一系列的功能性团队,长期为农民的生活方式做贡献,包括市场调研团队、商品目录研究团队、采购团队、包装改制团队、仓储运输团队,等等。

在农民的心目中,西尔斯不是一个渠道商,而是日常生活的一个帮手,是日常生活方式的一个品牌。他们一遇到麻烦,或者一有需求,就会想到西尔斯,想到西尔斯的邮购目录。西尔斯的邮购目录涵盖了农民生活和生产的诸多用品,从农机零件到服装鞋帽,从桌椅板凳到锅碗瓢盆,一应俱全,无所不有。

1900年,西尔斯的年营业额仅为110万美元。但是十年后,1910年,为6100万美元。20年后,1920年,为2.45亿美元。70年后,达数十亿美元。这些数据表明,构建模式、展开经营是一个企业的根本选择,是一个企业的战略选择。这个选择决定了一个企业是事业的经营者,还是商品的买卖人。战略,不是韬略与计谋,更不是赚钱的韬略与计谋。

第 4 章　企业的战略

9
产业经营模式

　　三井财团是产业价值链生态网络的组织者，它构建并从事的是产业经营模式。

　　三井财团的前身是三井财阀，成立于 1673 年，至今有 300 多年历史。据说三井这个商号历史更久远，与浙江天台山的三井潭和三井村有关。在唐朝，那里是一个佛道儒三教融合的地方，旅居了一群三井家族的先人。他们回到日本之后，不忘自己祖先是浙江三井村的人。三越百货的前身是三井越后屋，可以证明这一点。

　　二战后，日本政府确定了技术立国、两头在外的产业政策，即原材料和市场两头在外。日本的各大综合商社，包括三井财团，帮助日本的中小企业进入海外国际市场，自然它们就成为产业价值链的组织者。

三井财团利用这个机会获取稀有资源和战略资源，诸如技术、工艺、人才、能源、矿产、情报、知识，还有资本。这不仅是企业再生产循环的必要资源，而且也是外在支配力和影响力的来源，整合产业价值链的力量所在。

具体的战略实施通过旗下的三井物产完成，包括构建产业经营模式，打造产业价值链的网络生态，维持产业价值链的再生产循环，等等。三井物产曾经整合了丰田、东芝、索尼、三井住友银行、商船三井、三井造船、石川岛播磨重工、三越百货，等等。

1992年，三井物产与宝钢签署了综合合作协议，以定期干部交流和各项专题业务交流的名义，对宝钢进行改造，包括参与总经理会议、互派干部、共享信息，等等。

三井物产整合价值链的路径是：合作、合资、合并。合作是观念上的渗透，合资是建立经营实体，合并就是一体化运作。

1993年，宝钢以9000万日元建立了宝和通商，主营钢铁生产设备、零部件的进口，以及钢铁的出口业务，并成为日本从中国进口集装箱的代理商。实际上，这是三井物产帮助宝钢建立的商贸企业。

1994年，三井物产、宝钢集团、宝山区月浦镇工业公司，以及意大利塞柯成套咨询工程公司，合资兴建了上海意达彩涂钢材制品有限公司。总投资为952万美元，宝钢投资额占57%。

1995年，三井物产、新日铁、宝钢集团、南通市投资管理中心合资建立了南通宝新，生产各种工程建筑用型材，总投资13亿元人民币，宝钢占67.5%的股份。

1996年，宝钢集团、宝和通商、香港明州发展有限公司、浙甬钢铁投资有限公司共同出资成立了宁波宝甬特钢冷轧板有限公司，1998年，更名为宁波宝新不锈钢有限公司，有五方股东：三井物产、日新制钢、阪和兴业、宝钢集团、浙甬钢铁投资。宝钢占54%的股份。生产冷轧不锈钢薄板。总投资73.5亿元人民币，计划年产量60万吨。

1998年以后，三井物产构建的产业链生态以及产业经营模式浮出水面，这就是一系列覆盖中国的宝井钢材加工配送有限公司，有杭州宝井、上海宝井、无锡宝井、青岛宝井、福州宝井、烟台宝井、天津宝井，等等，为家电、轻工、汽车及办公设备等行业用户，尤其是丰田汽车，提供产品和配送服务。仅汽车用不锈钢薄板，每年的产销量就达150万吨。

这个过程并没有结束，三井物产继续与宝钢携手，进行产业价值链的延伸，在全球范围内获取矿产资源，以维持再生产循环。

思考题

1. 战略和策略的区别是什么?

2. 什么是经营模式?

3. 经营模式分类的依据是什么?

第5章
企业的结构

企业战略讨论的问题是，如何把企业创造价值的能力引导到顾客的需求上去，由此形成企业的事业逻辑及经营模式的选择。

企业价值创造的能力在很大程度上取决于它的流程是否畅通，如果价值创造的流程没有衔接好，以及结构没有安排好，那么它的效能就发挥不出来，不能满足顾客持续发展的需求。

一般而言，企业比较关注内部的三个活动领域——生产活动领域、商务活动领域和研发活动领域，但很少关注三个价值创造流程，也称内部价值链，很少关注价值创造流程的衔接。

三个活动领域与三个价值创造流程是交叉的，并不重合。诸多企业容易犯的错误是，把三个活动领域确定为三个部门或三大中心，简称"研产销"，形成了"部门墙"，阻碍了价值创造流程的畅通。

部门之间的"部门墙"是客观存在的，只要有部门就有部门之间的隔阂。企业能做的事情是，在设置"研产销"三大部门之前，先弄清楚价值创造流程及其客观要求，最大限度地减免跨部门的障碍，使部门结构或组织结构为价值创造流程服务。

# 第 5 章　企业的结构

1
三条价值链

　　企业的存在价值与理由在于价值创造能力,在于内在的价值创造流程。顺便说一句,部门只是为价值创造流程服务的,不能本末倒置。这一点与科斯的理论不一样。科斯在《企业的性质》一书中认为,企业的存在是为了降低交易成本,依靠管理的手段降低交易成本,而不是德鲁克主张的那样,用同样的资源创造出更多更好的财富,包括物质财富和精神财富。

　　换言之,企业的存在是为了创造而不是节约,是为了更好地创造财富,为了"多快好省"地创造价值,而不只是为了节约成本,节约交易成本或费用。

　　经济学比较强调资源配置方式,强调配置资源的工厂主或生产者,忽略按照顾客的需求创造财富,忽略每一个劳动者的个性,包括天赋、主动性和创造性的发挥。

企业的本质 ○ ○ ○

　　企业价值创造的能力与每一个劳动者有关，哪怕是一个服务人员，他的一举一动都关系到顾客的体验和感受，关系到顾客认定的价值。

　　无论是创业企业还是大企业，都必须回答这样的问题：谁是我们的顾客，顾客重视的是什么，顾客认为有价值的是什么，我们追求的成果是什么，等等。这些问题始终存在，贯穿于企业经营的始终。开始的时候，可能只有企业老板或高层关心这些问题，并采取积极的行动找到问题的答案。随着事业的展开，企业必须建立专门的团队，跟踪或研究顾客及其需求。

　　企业必须把商务活动领域的触角延伸出去，尽可能地延伸到顾客端，即从供应链走向需求链。可谓走进顾客的价值链，不断深化与顾客之间的关系。这就形成了一条内部的价值链，可命名为"深化顾客关系的价值链"，简称为"顾客的关系链"。

　　接下来，就是产品的生产与产品的研发形成两条内部的价值链，即产品的供应链与产品的研发链。

　　尽管顾客认为有价值的不只是产品，但是从工业化的历史源头上看，从产业社会的基本特征上看，迄今为止，企业价值创造的核心内容依然是产品的供应，依然是以机器代替人力，以自然力代替人力，供应物美价廉的产品。

　　工业化的历史是从分工开始的。企业内部的劳动分工提高了劳动生产率，提高了单位时间的产量，降低了单位产品的成本和售价，从而引发或深化了企业之间的社会分工，拓展了市场交易的空间与机会，导致产业社会结构的改变，形成了功能型的社会。加上货币作为媒介，使产品的供应和需求可以在陌生人之间进行，加速了社会化的分工范围，形成了国际分工与国别经济的态势，形成了全球配置资源的态势。

与此同步，企业内部的劳动分工为机器代替人力提供了条件，加快了工业化的进程。反过来，这又促进了企业之间的社会化分工程度。

每个企业都在精细的专业领域中努力研发和生产自己的产品，并依靠产品的供应能力参与社会的分工，成为社会再生产循环中的一环，成为产业社会中的一个功能性机构。这种社会再生产的循环已经跨越了城市、区域与国别。

这种历史的逻辑是不可以被轻易改变的。在这种历史逻辑中的任何企业都必须努力关注产品的供应、生产与研发能力，依靠产品的价值来表达企业自身创造价值的能力，依靠产品价值创造的能力获取在产业价值链上不可替代的竞争地位。

在跨越地域、都市和国别的社会化分工态势下，每个企业都有机会参与全球竞争，也必须要有全球配置资源的战略眼光。于是，每个企业都有了想入非非的预期和打算，其中少不了各个利益集团之间的博弈和设局。不确定的时代开始了，市场机制彻底失灵，直接的后果就是供求关系彻底逆转,消费者主导市场已成定局。

供求矛盾直接表现为产销矛盾,表现为企业内部生产活动领域与商务活动领域的冲突。企业必须重新考虑部门的划分或部门的结构,必须拆除"部门墙",回到价值创造流程上思考问题。通过改善企业内部三条价值链的结构,最大限度地平衡供求之间的关系,缓解供求之间的矛盾和冲突。

2
产品的供应链

产品的供应链的实质是产销衔接,是生产职能与销售职能的衔接,是生产活动领域和商务活动领域的衔接。

产销衔接的关键是改变以往的生产方式。从大量生产方式转变为精益生产方式,或者说,从备货式生产方式(推式)转变为订单式生产方式(拉式),从规模经济转向速度经济。这是丰田与ZARA的成功经验。

生产与销售的矛盾是由供求矛盾转化而来的,根源在于工业化的大量生产方式。

丰田精益生产方式的要害是,在生产活动领域中调节产销之间的期量偏差,期就是时间,量就是数量,而不是依靠商务活动领域降价促销,把多余的产量销售出去。按照丰田的说法,避免生产出来打折卖掉。具体的思路与方法是，减少品种转换所需要的时间。当时丰田英二对大野耐一提出的要求就是，减少品种转换所需要的时间，把"生产作业准备"时间减少至零。

如果品种转换的时间为零，那么就可以做到一件一批次，这就是著名的"单件制程"。大野耐一退休以后，指导很多日本中小企业采用一件一批次的生产方式，并把生产的节奏与销售或需求订单的节奏保持同步，依靠生产方式自觉调节产销之间以及供求之间的平衡。

一件一批次的好处就是，大大缩短了产品的生产周期，提高了响应市场需求的速度，从而可以依据销售订单和销售能力进行生产，并大大降低了各环节的存货及资金占用。另外，同一条生产线可以提供更多的品种，进行混流生产，供消费者选择，缓解了生产效率和消费效用之间的矛盾。

在互联网时代，有了大数据、云计算和智能加工的设备，丰田生产方式的原理将进一步得到应用，使按需生产真正变成现实。

3
产品的研发链

产品的研发链实质是营研衔接,就是把营销职能与研发职能对接起来,打通产品研发和市场需求之间的联系。

中国绝大部分企业普遍缺乏营销职能,无法把产品研发的力量引导到顾客的需求上去,形成营销职能与研发活动领域的对接。同时,因为缺乏营销职能,无法建立健全的"顾客的关系链"。

说白了,中国很多企业的内部只有一条价值链,即"产品的供应链",并且受生产方式的制约,产销矛盾进而供求矛盾无法得到有效缓解,只能依靠降价促销来维持产销的平衡。反过来,这进一步阻碍并抑制着营销职能的发育和强化,形成了恶性循环。企业做大之后不是做强做久,而是做虚做烂。边际利润率不断下降,趋向于零,趋向于负值。如果边际利润率为零,那么扩大产销规模毫无意义。

由于企业在商务活动领域缺少营销职能，或者说，由于营销变成了一种销售的策略手段，变成了销售的辅助功能，从事广告宣传、市场策划和促销的工作等，导致产品的研发无法与顾客的需求联系起来，进而企业无法依靠研发活动领域去强化营销职能，强化顾客的关系链。

很多企业不知道产品开发涉及四个概念，即产品概念开发、产品技术开发、产品工艺开发与产品市场开发（也称市场推广），导致营销和研发的职能脱节，导致商务活动领域与研发活动领域的脱节。

产品开发的全过程必须包含这四个开发的概念。按培思（PACE）方法，在产品开发的第一个阶段，就要按这四个概念进行思考并制订计划，又称"产品包"。如果计划不可行，或没有通过评审，产品开发就不能进入第二个阶段。只有到了第二个阶段，企业才会真刀真枪地投入资源，投入人力、物力和财力，支持产品开发项目的实施。

很多企业尤其不知道"新产品的概念开发"，不知道如何激励营销人员与研发人员持续而频繁地进行沟通，围绕着产品概念开发进行创新并形成一系列的创意，无法有效地把研发的力量引导到顾客的需求上去。

一般而言，营销人员和研发人员很少交往，可谓鸡犬之声相闻，老死不相往来，需要有效的激励使之愿意交往，并成为志趣相投的伙伴。

当然，如果营销人员没有足够的经验，没有深入与顾客交往的经历，那么其与研发人员的沟通就不可能形成有价值的创意和创新，不可能完成产品的概念开发。毫无疑问，这与企业营销职能以及顾客关系链的强弱有密切关系。

激励往往意味着资助，钱不是万能的，但没有钱是万万不能的，资助是少不了的。问题是资助多少，怎么资助？这是一个无底洞，弄不好成效甚微。在创新和创意领域中，往往聚集着一帮玩家。不是玩家也搞不了创新或创意。

企业也需要一群玩家，玩出更多创意。没有足够的创意，就不要玩产品开发。3M公司每年有上万个创意进入产品研发流程。按照《培思的力量》的说法，能够进入产品研发流程的创意是百里挑一的。没有足够多的产品创意，就筛选不出有商业价值的产品。

管理实践给出了解决问题的办法，即激励营销人员和研发人员互动，产生更多的创意和更多的新产品概念。这是一种事后追认的方法，即只要做出了贡献，有了一定的结果，企业就予以奖励，而不是事先通过申请和批准给予资助。比如，一项创意的提出如果没有批准立项，可以转而申请企业设立的各种奖项，获取相应的奖励，包括精神的和物质的奖励。再比如，如果一项创意被批准立项，进入了新产品的研发程序，那么该研发人员就可以成为项目经理，营销人员就可以成为专家，成为项目评审委员会的成员，等等。值得一提的是，产品开发的全过程只有完成了市场开发（或推广）并形成销量之后，才算结束。一般而言，任何新产品的上市都必须先推广、后销售，没有完成推广，就不能进行销售。换言之，只有完成了市场开发（或推广）才能转入正式的销售，转入产品供应链。这是两条价值链的接口，往往被很多企业忽略。

4
顾客的关系链

过去营销学强调的是市场对产品的需求,核心概念是"需求管理",最有效的策略工具是 4P 以及"产品定位",强调产品的卖点与消费者的诉求点。

进入 21 世纪以后,随着竞争的重心向顾客端移动,营销学强调"顾客关系管理"。也就是说,企业必须更关心产品背后的顾客,关心企业与顾客之间的关系。

过去,企业把供求关系简单化为产品的供求关系,简单化为产品与货币之间的转换关系。现在大家明白了,供求关系的实质是供应方和需求方之间的关系,是人与人之间的关系,是企业与顾客之间的关系。这种关系不仅是持续交易的基础,还是企业价值创造能力提高的前提条件。企业必须与顾客同步成长,必须与顾客绑在一起。

在这个过程中，不仅企业改造了顾客，使之变得越来越适应企业及其产品；同样，顾客也改造了企业，使之变得越来越适应顾客及其需求，两者相辅相成，相互绑定。

企业必须强化营销职能，更多地关注顾客，关注所选择的目标顾客人群，提高顾客的黏性，培养顾客的忠诚度，增加回头客，留住顾客，等等。

营销的本质是持续深化"企业-顾客"之间的关系。与此相对应，销售的本质是不断促进"产品-货币"之间的转换。尽管营销和销售都属于商务活动领域的职能，但是这两项职能不在一个层面上。

在竞争性的行业中，企业之间的竞争已经升级，表现为你死我活，剩者为王。企业必须在满足顾客需求的过程中超越乃至打败对手，必须在争夺顾客的过程中使自己越战越强。

在营销职能以及顾客的关系链中，必须导入竞争战略或策略的思维，维持三者之间的平衡，即发展企业、成就顾客与超越对手。其中最要紧的就是，把竞争的战略和策略建立在自己的核心技术或核心能力之上，并且，在深化企业与顾客关系的同时，打断竞争对手与顾客的联系。所谓一举两得，毕其功于一役。

没有核心技术或核心能力的支撑，任何策略及业务的发展与延伸都很难持续、很难持久。索尼公司就是失败的典型。反言之，任何策略及业务都必须放置在核心能力的延长线上，使策略执行的结果以及业务的发展能持续强化核心能力。

5

IBM 公司的故事

沃森是 IBM 公司的创立者,当年他提出来的口号是:在服务领域独步全球,在 24 小时内对顾客的任何要求做出回应。他认为,企业是在挣顾客的钱,服务于顾客是天经地义、理所当然的。

当时,公司的资源有限,只能把资源集中配置在顾客端,把优秀的工程技术人员配置在顾客端,成立营销工程师队伍,时刻响应顾客的要求,及时回应他们提出的问题。

比尔·盖茨在《未来之路》中说道,沃森并不拘泥于部门的设置,而是把资源集中配置在重要的领域,努力为顾客做贡献。公司总部的很多部门只有一两个人,装装门面而已,让人以为是个大公司,部门齐全、声势浩大。

IBM 公司一直不认为自己是做产品、卖产品的,而认为自己是做服务、卖服务的，不断强化服务的功能，并努力要求销售业务人员走进顾客的价值链，不断深化与顾客的联系。

直到今天，IBM 公司的"销售手册"中仍明文规定，销售业务人员的基本职责是掌握企业顾客的基本信息，把握他们的人脉关系，及时回应他们的各种提问。在此基础上，IBM 公司对企业顾客进行深入持久的研究，并对一系列课题做出回答，比如，在未来 12 个月内，该企业顾客的当期业绩目标是什么？实现业绩目标的障碍在哪里？改进的机会和对策有哪些？最终要求每一个销售业务人员形成针对企业顾客的系统认识，并帮助他们制订一套完整的解决方案。

再比如，IBM 公司要求每一个销售业务员弄清楚，在未来 36 个月内，该企业顾客在产业价值链上的战略意图是什么？谋求战略地位的机会和资源，以及威胁和障碍有哪些？如何才能谋求到这样的战略地位？

在 IBM 公司看来，企业顾客需要的不只是产品，而是系统解决方案。企业顾客希望得到有效的帮助，帮助他们持续成功。

郭士纳上台之后保留了这个理念，成立了十几个专家团队，为企业顾客提供系统的咨询服务。站在甲方的立场上，帮助企业顾客完成使命愿景、目标任务、战略路径等方面的一系列思考，包括管理信息化方面的思考，最终形成阶段性的系统解决方案。然后，对一系列基于企业顾客的个性化的方案进行梳理，按照效率与效用平衡的原则进行梳理，梳理出若干通用化的系统解决方案，帮助每一位顾客实施、落实到位、见利见效。

在这个过程中,IBM公司改变过去纵向一体化的做法,改变以往蓝色巨人的外在形象,打开公司的组织边界,寻求产业价值链的合作伙伴,建立第三方产品和第三方技术平台,与合作伙伴协同起来,共同去响应企业顾客的需求及系统解决方案,逐渐把自己变成一个产业价值链组织者。

6
部门结构的流程化

企业内部的失效,莫过于部门之间协同的失效。这种部门协同的失效往往是眼睛看不见的。每个部门都很忙,都很努力,就是不出成果。

部门之间的协同效率取决于统一指挥。尤其是价值创造流程必须让总裁一竿子插到底,管住全过程,即上下管到底,左右管到边。如何做到这一点?关键在于流程的自主而自然通过,中间不能另设副总裁去协调,协调跨部门之间的分工关系和分利关系。

要想流程自主通过,针对其中存在的很多障碍,必须在两个层面上下功夫:一是部门之间的流程化,形成流程化的部门结构;二是部门内部的流程化,构建流程化的部门。这当然是理想状态,也是企业努力的方向。唯有如此,协调的环节与事情才可以减少,从事协调工作的经理人员以及管理的层级才可以减少。一个总裁才能统一管理好价值创造的全过程，才能上下管到底，左右管到边。

两个层面流程化，即部门之间的流程化和部门内部的流程化，存在着相互制约关系，彼此互为前提，必须循序渐进，同步发展。

在直线职能式的条件下，企业做完三大价值创造流程的分析之后，就可以对原来的"研产销"三大部门或三大中心进行重新划分。主要是依据价值创造流程，界定清楚三大部门之间的责权利边界，以及衔接的方式方法。确保流程的自然通过，减少跨部门的协调环节与事项，减少从事协调的经理人员。

企业要明确三大中心的定位，营销中心为利润中心，生产中心为成本中心，研发中心为费用中心。

营销中心的利润直接表现为企业的营业利润，即营销中心的营业收入减去营业成本和费用，再减去税金。

要想让营销中心承担利润责任，必须解决两个问题：第一，依据上述财务指标的结构，分配资源并落实责任，以控制总体的成本费用；第二，赋予营销中心两项权力，即价格决定权和分品种销售计划决定权。营销中心一旦拥有这两项权力，就成为整个企业的策略中心，成为争夺市场或顾客的策略中心，成为真正意义上的企业龙头。

与此相联系，企业的运营机构主要依靠计划的手段落实战略目标与任务，通过财务预算的手段分配与平衡资源，以及依靠信息的手段监督战略目标与任务的执行情况，等等。尤其要关注营销中心的各项策略，使之与企业的战略保持一致，至少不相抵触。

生产中心作为成本中心，与营销中心的销售职能实现对接，并完成价值排序，即顾客第一，销售第二，生产第三。销售听顾客的，生产听销售的。两者衔接的方法主要是计划。按照丰田公司和ZARA公司的经验，销售职能部门就是生产中心的顾客。生产中心按照销售职能部门下达的订单进行分解，组织生产。

在分工和分利的关系上，生产中心对质量、成本与交货期负责，同时，努力控制成本费用，包括降低盈亏平衡所需要的产量，确保在低产量上保持盈亏平衡。另外，生产中心还要提高各工序的通过能力，提高一次通过率，并通过提高质量来降低损耗、浪费或成本费用。

研发中心是费用中心，追求的是费效比和投入产出之比。要想提高费效比，就必须与营销中心的营销职能人员进行频繁沟通，不断增加创意，不断强化新产品概念开发的功能。同时，营销中心要把销售与营销职能分开，成立专门的营销团队与研发中心对接，与具体的产品研发团队对接，帮助他们完成市场的推广（或开发），确保新产品能够顺利地进入市场销售。

很多公司制定专门的政策激励费用中心的研发人员，使他们努力促进新产品的上市，提高新产品的销售业绩，进而分享新产品的利益。据说，华为手机每卖出去一部，设计人员就可以获得1元奖金。如果卖出去1000万部，设计人员就可以拿1000万元奖金。

为了强化部门之间的流程化，指明部门机构流程化的方向，不妨把传统的"研产销"三大中心按照三个价值创造流程，更名为顾客供求关系管理中心、产品寿命周期管理中心与产品供求关系管理中心。在这样一个架构下，企业可以通过管理职能，不断推进部门结构的流程化以及部门内部的流程化，形成流程化的部门。尤其在业务流程没有被打通之前，企业管理当局必须更多地依靠年度计划与预算的手段，加强各部门之间的协同，强化企业内部分工一体化的关系体系。

具言之，按照企业的战略明确年度的战略主题，形成战略任务，然后把战略任务分解到三大中心或各部门，最后分解到团队或个人。各个部门、团队或个人必须对计划以及行动方案做出承诺。

7
扁平化的结构

随着部门结构的流程化,或是流程的通过能力越来越强,总裁就能掌控全局。不需要设更多的分管副总裁分兵把口、各管一摊,去协调各部门之间的分工和分利关系,部门结构自然会扁平化。

部门结构不能扁平化的原因是流程不能自然通过。部门结构的设计必须自下而上,逐渐把责权利放下去,逐渐让价值创造流程自主通过,逐渐提高价值创造流程的通过能力。

企业尤其要关注授权,把例外事件转化为例常事件,形成例常性决策的规范,交给流程中的责任者去处置,以减少总裁协调与处理的事项,使总裁从日常事务中解脱出来。俗话说得好,瓶颈总是在上面。按照明茨伯格的研究,总裁作为日常经营的操盘手,真正要做的事情是三项:社交、情报和决策。按照德鲁克的研究,总裁一个人往往做不了这三项事情,需要构建一个总裁班子,命名为"执行委员会"

（简称执委会）。执委会就是从事日常经营管理的"管理当局"。

按照现代企业制度的规定，执委会上面就是董事会以及股东大会，从事企业重大和重要事项的审议决策。

执委会由一个执行总裁与若干执行副总裁组成。副总裁是班子成员，是总裁的助手，在审议决策、收集情报、展开社交等方面形成分工一体化的关系体系，类似羽毛球混合双打中的伙伴，而不是下属，更不是独管一摊、占山为王的山大王。副总裁只是执委会中的一个成员，只是参与执委会工作的一个角色，不单独拥有资源以及支配资源的权力。一切责任与权力都归总裁，总裁对执委会的工作全权负责。

企业如果能够按照这个思路推进的话，那么董事会以下的日常经营管理层面，就可以形成决策和执行分离的格局。

执委会行使决策的权力，行使日常经营管理的决策权力，而价值创造流程中的各个部门从事价值创造的各项活动。

两权分离之后，总裁就可以从日常事务之中解脱出来，避免成为价值创造流程中的一个部件，用到报废为止。相反，一个好汉三个帮，总裁可以带领整个执委会去推动价值创造流程的改善和升级，必要时，单项授权并配置资源，指派副总裁去改善关键环节，提升价值创造流程。这还可以避免副总裁成为山大王，避免领导班子山头林立，而总裁自己则成为一个孤家寡人，孤掌难鸣。

为了确保总裁操盘，管住价值创造的全过程，就必须配置参谋部门。如果总裁及执委会是从事日常决策的大脑的话，那么参谋部门就是辅助决策机构，是用于延伸或强化决策机构的大脑。这些参谋机构由一群专家组成，而不是普通职员，其中领头的专家就是总监，这些专家的主要任务是研究并提供知识，可以说是一群知识工作者。他们重点研究企业战略资源或条件的有效利用和合理配置，以及相应的政策和策略举措。

企业的战略资源有顾客、员工、资金、技术和信息，因此，要设置营销总监、人力资源总监、财务总监、技术总监和信息总监，等等。由这些总监组成专家研究班子，包括内部专家和外部专家，为执委会提供决策支持与咨询顾问。

这些总监以及专家，对价值创造流程的各个部门及其下属的专业职能科室，不具有直线指挥和命令的权力，只拥有一定的过问、规劝、质询与监督的权力。行使权力的限度是把握动向、监而不控。

执委会下设运营机构，通常称总部，由一系列的专业职能科室构成，诸如计划、财务、人事、信息与行政，在总裁的统一领导下，落实企业的战略目标与任务，包括平衡资源、协调关系、监督执行、纠正偏差，等等。

8
事业部制的结构

按照大前研一在《企业家的战略头脑》中的说法，企业的结构，除了直线职能制之外，就是事业部制。事业部制是由斯隆发明的，记载在《我在通用汽车的岁月》一书中。

随着企业规模的逐渐增大，产品的品种越来越多。自然的选择就是，把产品线划分开来，组建产品事业部，由一个人来统辖价值创造的全过程，减少复杂性、无序、混乱和失效。

按照统一指挥要求，事业部内依然需要采用直线职能制，并努力按照流程化和扁平化的要求形成有效的部门结构。这就意味着每个事业部都要建立一套完备的体系及部门结构。这不仅重复建制，浪费资源，而且使事业部制变得没有特色，不是一种新的结构形态，只是各个直线职能制的简单叠加。

这就回到了斯隆创立事业的最初设想，即集中政策控制下的分散经营。意思是，集中企业的关键资源，包括资金、技术和人才，配置在争夺市场的战略方向上，并制定相应的政策或机制，约束与激励各个事业部做出响应，与福特这样的对手展开殊死的争夺。经过将近100年的实践与演变，形成了"不完全事业部制"结构。在这个结构中，企业控制战略方向及核心技术或核心能力。各事业部立足于企业的核心技术或核心能力，不断把企业的战略转化为年度的目标任务，不断深化顾客关系、提高销售业绩，并在这个过程中为企业的核心技术或核心能力做贡献。

在 ZARA 的部门结构中，企业构建三个平台：一是支持"产品研发链"的技术平台；二是支持"产品供应链"的物流平台；三是支持"顾客关系链"的营销平台。三个事业部，即女装部、男装部和童装部，利用这三个平台构建价值创造的全过程。在企业整体战略的约束下，不断创造更高的绩效。

ZARA 的技术平台上有三个专家级的功能型团队，即物料采购（真）、服装设计（美）和需求研究（善），这是 ZARA 的核心能力所在，是开发"真善美"服装的关键资源和条件。有 400 个设计师在这个技术平台上进行新款开发，每年开发的新款达 40 000 种。各个产品事业部利用这个技术平台选取合适的款式投入生产和经营，每年大约从 40 000 种款式中选用 10 000 种。

ZARA 的物流平台上有庞大的加工基地，每个加工基地配置两个中心，即印染中心和裁剪中心，还有庞大的配送中心、采购系统以及强大的订单处理系统,外加第三方物流,形成了极速的供应链。从选款、下单、下料、加工、配送,到在门店上架销售,只需要一周时间。

ZARA 的营销平台上有庞大的门店网络。门店的店长主要从事营销、观察顾客动向和预测需求趋势,而不是销售或者推销,向顾客兜售产品。

对各个事业部而言,三大平台就是企业内部的公共资源,必须加以有效利用,创造出更高的绩效。各个事业部与平台的主要接口集中在营销端的零售门店,由事业部的各产品经理与各地的店长密切沟通,确定下一个销售周期的款式和数量。

各事业部主要的工作就是制订计划、发出订单和跟踪执行,剩下的事情只需要交给流程化的三大平台去做就可以了。

面向未来互联网时代,企业的组织结构会趋向于"平台化 + 事业部",或者"流程化平台 + 产品事业部",并且,这些流程化的平台将越来越智能化,成为企业外部的公共资源。

思考题

1. 为什么要流程化？

2. 为什么没做到流程化？

3. 三条价值链的统一性是什么？

第6章
企业的机能

机能是生命机体中的一种功能。生命机体中有各种各样的机能，彼此相互依存、相互作用，共同决定着一个生命机体的活力及其程度。

企业具有政治、社会和经济三种属性。与此相对应，企业存在着三项基本机能，即经济机能、政治机能和社会机能。这三项机能的概念是由德鲁克提出来的。

企业依靠经济机能确立目标，创富谋利；依靠社会机能唤起员工，展开协同。这是一个企业生存的必要条件。借用巴纳德的概念，一个企业存续的两个必要条件是：共同的目标与协同的意愿。

两种机能互为前提，必须同步建立、同步发育。企业必须依靠政治机能同步建立社会机能与经济机能。政治机能是原动力，离开了政治机能，企业的社会机能和经济机能无法建立。这样，三项机能之间形成了相互作用、相互依存的关系。三项机能是一个不可分割的整体，共同维护着企业的生命活力。

生命机体的活力在于平衡，在于各项机能之间的平衡。企业的活力也在于平衡，在于三项机能的平衡，在于三项机能相互作用的关系的动态平衡。

另外，生命机体的各种机能的能动性来自腺体。企业三项机能的能动性来自三项权力：经济权力、社会权力和政治权力。

维持企业三项机能的动态平衡，主要依靠政治机能及政治权力。政治被称之为一种平衡的力量与策略。

维持平衡的基准，是依据企业根本大法确立的权力结构关系。破坏了这种权力结构关系，不仅难以维持社会机能、经济机能与政治机能的平衡与活力，而且还会改变企业的性质，使企业成为一个投机买卖的公司、一个十足的商人。从这个意义上说，确立权力结构关系以及三项机能之间的关系就是企业的顶层设计。

1
三项机能及其关系

企业的三项机能各有其功效,在企业的运作体系中发挥着不同的作用。三项机能因权力而形成,因权力而发挥作用或功效。

第一,社会机能。企业的全体员工只有获得了社会权力,或满足了他们在社会权力上的要求,才能唤醒他们相应的责任意识与公民意识,形成企业的社会机能。

全体员工的社会权力或要求是,生活的保障、心灵的归属和做人的尊严。保障员工的社会权力,是建立或发育社会机能的关键。

很多企业不知道,每一个员工天然具有社会权力,有意无意地压制或剥夺员工的社会权力就会抑制社会机能的发育,难以获得普遍的协同意愿,难以唤起全体员工的工作热情,更不要说唤起全体员工的良知和良心,确立企业的立场,关注企业的前途与命运了。

人们为什么要加盟一个企业，成为分工一体化关系体系中的一员，从根本上说，是由人的本性决定的，人的本性表现为社会性，人是社会性动物。

企业是一个社会的基本单元，是一个社区，是一个共同体。过去，家庭是休养生息的地方。现在，这个地方就是企业。

培育企业的社会机能只能依靠管理当局或董事会，比如，梅奥诊所推行的委员会制度及参与式管理，还有"鞍钢宪法"中的"工人参加管理"，都是培育社会机能的一种举措。

第二，经济机能。经济机能就是创富谋利的能力。它的外在形态集中表现在企业的价值创造流程上，或者说，表现在企业的经营模式上。

无论谁来构建经济机能，都必须依靠经济权力，一个有关人与事的决策权，主要是在"研产销"的活动领域中；另一个有关资源配置的权力，主要是指人财物资源的配置。

经济是基础，家庭经济被破坏之后，家庭社会也就瓦解了。企业必须依靠经济机能保障全体员工的生计，满足全体员工在经济利益上的要求。同时，企业又是产业社会中的一个功能性的机构。这个机构有没有存在价值，集中表现在经济机能上，表现在盈利能力上，表现在创造价值和创造顾客的能力上。

从历史逻辑上说，经济权力是由所有权派生出来的。按照经济学的说法，企业是资源配置的平台，老板或股东是配置资源的人，后来经董事会把配置资源的事情及相关的责权利委托给了经理人员，从而派生出经济权力。也许正是这个历史原因，企业的存在形态被人们认定为一种经济机能、生产方式、经营模式或价值创造流程。在很多人的脑子里，传统企业的存在形态就是资本主义的生产方式。

现如今，由职业经理人阶层，依据董事会的授权以及企业的根本大法，建立或培育企业的经济机能。随着经济机能的正常运行，有关价值创造流程上人与事的决策权或称事权，逐渐转交给职业经理人阶层及其责任主体即执行委员会。董事会则保有人财物的资源配置权，或称财权。

第三，经济机能和社会机能。两种机能存在着相互依存和相互作用的关系。经济机能的建立不只是"技术/经济"层面上的事，更重要的是"社会/心理"层面上的事。离开了人与人之间结成的良好关系，企业的经济机能是强盛不起来的。

产业社会是一个员工型的社会，每个社会成员都是各类机构的员工。这意味着社会交往关系将替代职场关系成为主旋律。企业不只是职场，更是员工生活的场所，员工将在那里度过人生最美好的时光，度过职业生涯。

员工之间的关系，与其说是同僚，不如说是亲朋好友。人们希望活在志趣相投的人之中，而不是活在一群竞争对手之中。友情为重，重于绩效，重于金钱。企业并不是个人挣钱的场所，不是个人英雄的用武之地。

人们并不希望志趣相投或喜爱的人被绩效淘汰出局,或成为绩效压力下的失败者。他们希望以人品论英雄,而不以绩效论是非。这才是真正的以人为本,即让每一个员工能够依托企业的共同体安居乐业,体验精彩的人生。

在知识经济时代,知识劳动者之间的社交关系往往是基于彼此相关的工作发展起来的,彼此之间谈论的话题往往涉及企业中的人与事。如果没有共同关心的事情和事业,那么话题很难深入,情感与志趣也就很难深入。社交与工作将融为一体。

鼓励知识劳动者之间的社交,满足他们在职场中的社交要求,有助于经济机能的强化。比如,研发人员与营销人员的私交能产生更多的新产品创意;研发人员与销售人员的交往能产生更多的产品推广和促销创意,或者产生更多易于推广和促销的产品,等等。

即便在工作状态下,知识劳动者之间往往也需要交流和接触,相互启发,形成新的思路和办法,把事情做得更好更有价值。他们之间的工作关系是建立在人与人的关系之上的,不像生产作业过程那样,可以把人与人的关系转化为物与物的关系。

这就决定了经济机能与社会机能相互依存,决定了两种机能必须同时强化,抑制社会机能就不可能强化经济机能。一个企业必须找到更多更正确的事情和办法,使两种机能相互促进、相互强化。梅奥诊所找到了，这就是委员会制度。

第四，政治机能。企业是一群自由人的关系体系，必须在一个时空中维持内在的统一性和外在的适应性。靠什么？靠权威的力量。谁说了算？企业当局说了算。

企业外部是通过市场"看不见的手"，通过"交易"实现分工一体化的。企业内部是通过管理"看得见的手"，通过"分配"实现分工一体化的。

换言之，企业是依靠所有权派生出来的权力进行统合的，依靠分配的权力配置资源，主要是人财物；处理事情的权力，主要是"研产销"活动领域的人与事，对企业方方面面的事务进行统合。

配置资源与处理事务的方方面面都需要权力，都需要依靠权力来进行处置。这些权力都来自企业当局，如何按照经济机能和社会机能的要求配置权力是企业当局的事情。

企业当局通过权力的配置，形成有效的权力结构和制衡机制，这就是企业的政治机能。政治机能是社会机能和经济机能的力量源泉，并通过经济机能和社会机能发挥作用，确保分工一体化关系体系的正常运行。

在这个过程中，政治机能自然会不断地获得强化，经济机能中的权力也会不断强化并结构化，形成行政化的官僚体系。按照德鲁克的说法，一个功能型的组织，或一个有能力的组织，很容易趋向于独裁，趋向于行政专权。

这需要从一开始就建立一个良好的治理结构，确保政治机能不会被损坏，并且依靠政治机能强化社会机能，强化全体企业员工的公民意识，从而依靠社会机能进行制衡，对管理当局及经理人阶层进行制衡，防止政治机能的恶化，使政治机能服务于经济机能，同时强化社会机能，而不是抑制或蔑视社会机能。

应该指出，在资本主义生产方式下，资本创富谋利的逻辑本身会使政治机能恶化，表现为短期业绩导向，而不是长期战略导向。因此，强化政治机能以及权力的治理结构唯一正确的方向是人本主义的生产方式。

2
人本主义的生产方式

人本主义的生产方式替代资本主义的生产方式是历史的必然。这种历史必然性至少有两点理由：一是消费者主导市场；二是知识劳动者主导着生产或价值创造流程。

这两点决定了消费者说了算，而不是老板说了算；决定了知识劳动者在营销和创新两项职能中的地位与作用，从而决定了劳动者之间关系的主体地位。

这两点也决定了人本主义生产方式的特征，即按顾客导向形成价值创造流程。知识劳动者在自治的基础上，结成分工一体化的关系体系，共同创造价值或物质财富。

换言之，生产作业流程或价值创造流程必须倒转过来，指向顾客的需求。知识劳动者在分工的基础上，形成相互依存和相互作用的共同劳动关系,是企业价值创造的能力所在,也是企业竞争力的来源。

在产业革命之初,土地是企业创造并获取财富的杠杆。二战以后,资本是企业创造并获取财富的杠杆。进入20世纪90年代之后,知识经济时代来临,知识劳动者是企业创造并获取财富的杠杆。

按照华为的说法,它在土地和资本两个生产要素上并没有借到力,但它在知识劳动者的大脑中找到了大油田、大森林、大矿山。言下之意,它是一家依靠知识劳动者发展起来的公司。

3
机能发育的起点

企业是一个完整而独立的市场利益主体，必须依靠自身的力量建立或发育内在的机能。三项机能的建立或发育是权力的划分或分配，只能从企业的权力中心或企业当局开始。

企业当局是企业的代表机构或最高权力机构。企业当局的存在形式就是董事会。董事会权力的合法性来源可以是所有权，由所有权派生出行政权，或称政治权；也可以是根本大法，由根本大法派生出管理权，这种根本大法是由企业命运共同体成员相互约定的，其中涉及企业的性质、企业的使命和企业的宗旨，等等。

一般而言，在资本主义的生产方式下，董事会就是行政当局。在人本主义的生产方式下，董事会就是管理当局。但这并不绝对，并不是非白即黑，而是存在着灰度空间，不能一概而论，不能简单定性。董事会可以偏向于行政性质，也可以偏向于管理性质。从现代企业制度的规范来说，董事会偏向于行政性质，满足资本主义生产方式的要求。

不过，产业社会毕竟文明开化了，企业的老板或所有者毕竟开明了，此其一。其二，企业对管理越来越重视了，管理作为一门系统的知识，对于企业创富谋利越来越重要了。企业已经不能依靠行政的手段以及行政权力系统简单地统合各项事务了。

企业当局应该知道，人本主义的生产方式与资本主义的生产方式，两者的逻辑是不一样的。支撑生产方式的逻辑也是不一样的。比如，在人本主义的生产方式下，企业当局有机会唤醒普遍的良知和良心，依靠全体员工的意识及管理素养，使生产流程或价值创造流程自然通过。这就可以大大减少管控或统合上的投入，并提高价值创造流程的柔性，所谓组织机构的扁平化。

面向未来，随着企业外部竞争环境的改变，市场竞争的重心一步一步移向顾客或消费者，企业内部知识劳动者的地位将一步一步提高，董事会不改不行，必须逐渐转变为一个管理当局，以满足人本主义生产方式的要求。

对于知识劳动为主体的企业而言，这个改变已经开始了，也必须开始了。凡是跟不上这个步伐的企业，一旦进入互联网时代，想改也来不及了。

董事会必须确立自身合法性的基础，确立管理权力合法性的来源，进而按照企业可持续发展的要求，而不是股东利益最大化的要求进行权力的分配，发育三项机能。

人们习惯上把这叫作企业制度创新。通过企业制度创新，建立现代企业的治理结构。通过系统的治理，使企业进入管理状态，形成企业的管理体系，包括主导这个体系的管理当局，以及支撑这个体系运行的经理人阶层。这样，企业与管理的边界就清晰了。企业就是分工一体化的关系体系，管理就是围绕这个体系运行的支持系统。

企业的员工以及相关利益者，依据根本大法，结成分工一体化的关系体系，并授权于管理当局或董事会，形成基于三项机能的治理结构，发育管理体系，支撑企业的长期发展。

4
确立政治机能

无论什么企业,必须首先明确董事会是最高权力机构,站在企业持续发展的价值立场上,按照发育三项机能以及制衡机制的要求,进行权力分配。

这里有两个前提条件:一是老板或创业者团队必须自我超越,把企业与个人区分开来,站在企业的立场上思考问题,组建一个能够发挥作用的董事会;二是确立企业的根本大法,明确企业的性质、企业的宗旨、企业的使命和企业的战略等,依据根本大法组建董事会,董事会依据根本大法成为企业最高的权力机构。

有了这两个前提条件,董事会就可以着手进行治理,形成强有力的政治机能。

首先,改善董事会的构成。董事会必须由一群众望所归的专业人士或专家构成，至少是一群信得过的人。企业必须从内部与外部物色优秀的人才，形成企业根本大法的守护者群体。

董事会必须是一个道义机构，而不是一个利益群体。每一个董事会的领导成员都要对根本大法负责并做出承诺，谋求企业的价值最大化，谋求企业的可持续发展。唯有如此，才能强化经济机能，从根本上唤起全体员工的良知和良心，唤起普遍的协同意愿，使他们发挥各自的天赋、主动性和创造性，为企业做贡献；才能强化社会机能，培育企业普遍的公民意识。

在中国的文化里，人们并不相信官样文章。人们相信的是人，是什么人在守护着企业的根本大法，守护着企业的灵魂，守护着全体员工的根本利益。离开了可信赖的人的守护，根本大法就是一纸空文，企业就会成为一家灵魂出窍的公司。一般而言，董事长就是企业的精神领袖，就是企业灵魂的守护者。

在东方文明的国度中，对于一个想建立百年基业的创业者来说，必须成为精神领袖，站在公司的立场上，站在全体员工的立场上，守护企业的根本大法。

日本公司的很多成功创业者在功成名就之后并没有退回家庭，而是留在了董事会层面上，代表全体员工的意志主持正义，持续对经理人阶层的行为进行监督与调教，这是一种有效的文化传承，并可以防止经理人阶层的懈怠与腐败，从而让全体员工感受到自己是在一家有是非观的公司中工作。这种做法很像君主立宪制。

其次，选拔与培养后继的守护人。董事会必须推动一次创业向二次创业转变，以制度的理性权威替代老板的个性权威，依靠一系列制度性规范约束人的行为，减少人的随意性，增强企业及其根本大法的延续性。同时，选拔更多更优秀的人参与到企业的管理中，通过管理的实践提高他们的认知，使他们理解根本大法背后的逻辑，理解人与事的客观规律，依靠根本大法的传承者群体，提高企业的延续性。

通过制度理性规则规范人的行为，通过参与式管理培育后继的传承人，确保企业及其根本大法能够跨越一代创业者的寿命，后继有人。这就是人们所说的，企业文化的扎根与传承。

IBM 公司的沃森一世非常明白其中的奥秘，只有基于根本大法的制度及文化才能确保企业生命体的延续。这些东西丢了，企业就会变性变质，不会像一次创业那样充满着生命的活力。因此，他花了很大的精力，把企业理性制度背后的文化基因传承给儿子沃森二世，从而使 IBM 公司在沃森二世手中获得长足发展。

梅奥诊所从 1905 年开始着手建立企业的系统治理结构，尤其是以委员会的方式吸引更多的年轻人参与企业的管理，培育了一群企业制度及文化的传承人，确保了梅奥诊所后来 100 多年的持续发展，成为美国医疗行业首屈一指的公司。它的经验值得我们借鉴。

最后，权力的分配。通过权力的分配形成权力结构及制衡机制。董事会是企业的最高权力机构，拥有配置资源的权力，以及处理人与事的权力，或者说，拥有人财物等资源的配置权，以及研产销各项人与事的决策权。

董事会必须拥有资源配置的权力，尤其是选拔和培养企业传承人的权力，以确保企业的发展方向及经理阶层的为人处世，合乎根本大法及各项制度的要求，同时，把具体做事的决策权力交给执委会及经理阶层。执委会必须以计划方案的方式承诺，并落实董事会的每一项审议决策事项，并依据计划方案及承诺获取相应的资源以及支配资源的权力。

5
梅奥的治理经验

早在 1905 年，梅奥兄弟就开始考虑如何将梅奥诊所的所在地罗切斯特市发展为医学中心，这是他们的愿景。兄弟俩相信，通过合理的规划，梅奥诊所必将跨越自己的有生之年，对医学做出长期的贡献。

接下来的问题是，合理的规划是什么？如何确保医学中心的愿景实现？毫无疑问，这需要花很多时间去思考、去评估、去实践。但有一点是可以肯定的，要想跨越时间和空间谋求发展、实现愿景，必须满足三个方面相互独立又彼此关联的要求，即公众的未来、所在社区的未来与全体员工的未来。

梅奥兄弟权衡了多种可能性及方案，决定从根本上做起，稳步推进企业制度的创新，改变梅奥诊所的资产性质。关键性的举措就是，把合伙人制替换为"自愿加入的协会制"，把梅奥诊所的资产赠予并托管给梅奥资产协会,并停止派发与业务收入相关的个人权益,包括梅奥兄弟在内的所有合伙人只领取固定工资。

为了确保制度及企业价值文化的延续性,能够跨越个人寿命的限制实现远景目标,梅奥兄弟设计了未来领袖的培养体系,主要内容是吸引优秀的年轻人参与管理。梅奥兄弟认为,要在人才年轻时就着手培养,通过长期的浸润,帮助年轻人学会把握问题的基本面,以及梅奥诊所的哲学或文化基因,假以时日,他们就能够承担领导的重任。

接下来就是建立治理结构,展开系统的识别过程。梅奥诊所建立的是一个由五人组成的监管委员会,其中包括梅奥兄弟。监管委员会负责梅奥诊所的总体管理。当这项工作取得满意的成效后,梅奥诊所又建立起了管理委员会和顾问委员会。可以推断,监管委员会是企业的管理当局,如同我们现在的董事会,经过一段时间的治理,培育出了相应的管理人才,发育出了管理委员会,实现了战略决策层和管理执行层的分离。

管理委员会成员首先由员工提名,选出15人。然后由监管委员会从中选出5人任命。管理委员会的职责是对所有的医学业务以及下属各个诊所进行总体的监控。

同时,梅奥诊所成立了顾问委员会,由监管委员会、管理委员会和各诊所总裁组成,负责政策与策略的制定。顾问委员会实际上是为了加强管理当局即监管委员会的力量和作用,要想让管理当局有力量，必须要有把握方向、制定政策和策略的能力；要想让管理当局发挥作用，必须要有一个平台与管理执行层以及各个业务单元进行不间断的沟通与协调，并在这个过程中施加影响或进行引导。

这一点非常值得中国的企业学习，加强管理当局即董事会的力量与作用，避免董事会因失去力量与作用而形同虚设，成为一个摆设。

为了使企业的创新制度及文化基因传承下去，在上述机构运转正常以后，威廉·梅奥（梅奥兄弟中的哥哥）又向监管委员会建议，从永久员工中选拔并授权组建多个专业委员会，参与下属各个诊所的管理。他的这一建议也得到了查尔斯·梅奥（梅奥兄弟中的弟弟）的积极支持。

梅奥诊所通过吸引新鲜血液参与管理，给整个公司带来了新的观念和激情，同时，让更多的青年才俊获得一份责任和荣耀，使他们能够站在企业的立场上，更好地理解未来的前景与现实的问题。

哈威克医生认为，委员会制度及参与式管理最大的贡献在于帮助梅奥诊所在各个方面实现了令人满意的妥协。生活原本就是妥协，而委员会在这方面做得异常出色。

各个委员会的发育都要经历组建、测试、满意度达成以及正式被接纳的漫长过程。起初委员会的职责只是帮助员工了解梅奥诊所的日常规程，随着时间的推移，各个委员会才会逐渐找到自我，找到发挥作用的地方，然后一步一步逐渐扩展职责和职能。

在最初的 17 年里，在梅奥诊所的委员会里，任职的成员多达 67 人。

亨德森医生说："多年来，我曾在梅奥诊所的不同委员会里任职。在委员会里，我们必须解决问题，并思考如何为他人而非自己带来恩惠。这样的经历不仅拓宽了我的视野，而且很有教育意义，使我充分理解了人与人之间的相互责任与义务。

6

健全社会机能

在企业中，普遍缺失的是社会机能及社会权力，一种属于员工的社会权力。

企业当局必须在根本大法上明确表达员工是企业财富的源泉，而不是生产的资源要素。与此相对应，企业给员工提供生活的保障、心灵的归属和做人的尊严。为了确保员工做人的尊严，企业要给员工提供社会的身份，并提高员工在社会中的地位。这些共同构成了员工的社会权力。

诚如稻盛和夫所说，公司永远是员工的生活保障。梅奥诊所也是这么做的，它给员工提供稳定的工资性收入。这里主要是指医生及其团队，与经理人员这样的永久员工。实际上，梅奥诊所提供的工资能够让永久员工过上体面的生活。梅奥诊所也由此赢得了员工普遍的工作热情，以及对企业的忠诚度。这是管理学界以及百年管理思想史一直没有解决的问题。其中的原因是，企业没有在制度创新上下功夫，而是在调动积极性的策略与工具上下功夫，可谓舍本求末，给管理学增加了不少无用的知识。

不能保障员工的社会权力，就不能保证员工确立公民意识与责任意识，尤其在经理人阶层的监督上，就不会主动承担义务和责任。相反，他们可能会成为一个无责任意识者，不关心企业的生死存亡。最终的结果只能是社会机能越来越弱化。

回到现实，我们常常能够看到的是，诸多企业在不断强化经济机能的过程中，也不断地强化政治机能及行政权力。

一些企业在现代企业制度的名义下，不断强化资本主义的生产方式，不断强化资本的逻辑在企业决策中的地位和作用，从而抑制了社会机能的发育，甚至违背了经济机能的要求。

按照德鲁克的说法，企业内部还没有一种力量代表员工去抗衡管理当局，或抗衡权力中心，他希望工会能够成为这样的组织，以限制管理阶层的政治能力。然而，令他感到遗憾的是，现实中的工会越来越做不到这一点，不能成为管理当局的制衡机构。

中国一些优秀企业的领导人为了避免权力结构的恶化，避免行政官僚的平庸化或不作为，依靠个人的权威力量以及影响力和支配力不断打破权力结构，比如，干部轮换，不拘一格提拔年轻人，或下放干部。这与过去的吏治方法没有太大的区别。

依靠领导人的个人权威强化的还是企业的政治机能，还是管理当局及经理人阶层行权的能力，并不能强化社会机能以及普遍的公民意识和责任意识。

在这个方面，梅奥诊所的做法是正确的，即通过推行委员会制度，使更多的员工参与到管理中，以此来确保员工的权力，培育员工的企业公民意识，不断强化企业的社会机能。

当然，这一切取决于管理当局及代表员工利益的根本大法，取决于管理当局推动建立的政治机能。

7

员工的归类

经济机能的强化与员工队伍密切相关,尤其是知识劳动者,他们的天赋、主动性和创造性的发挥程度决定了经济机能的强弱。员工的个性、认知、才能与志趣存在着很大差异,并且,员工不一定都认同企业的价值立场与根本大法,因此,企业需要对员工进行分类,分出命运共同体成员、事业共同体成员和利益共同体成员。

对企业来说,尽管每一位员工在价值创造流程中都是必要的,但对他们于企业价值创造的贡献度或重要性是不一样的。有这样的说法,20% 的员工创造了 80% 的价值,另外 80% 的员工创造了 20% 的价值。换句话说,只有 20% 的员工是企业价值创造流程的骨干员工,即 2∶8 法则。

在福特的工厂中,有 5% 是技术员和技术工人,他们支撑并维护着生产作业流程的正常运行。这就像罗马军团一样,核心的骨干力量是十夫长、百夫长和千夫长，他们身上承载着一个罗马军团正常运行所需要的文化理念、制度规范、操作技能、策略意图和实施逻辑，等等，并且他们有能力领兵打仗，有能力培育和复制团队成员。

在梅奥诊所里，也只有少数人即医生及其团队和经理人员可以成为永久员工，并享受优厚的待遇。一个企业真正应该或必须保全的，正是这些永久员工。

企业的根本大法必须讲清楚，本着双向选择的原则以及客观公正的规则确定每一个员工的类别，并讲清楚不同类别的员工享受不同的待遇。在梅奥诊所，永久员工都拿同等金额的工资；其他员工的工资待遇则按市场化的制度确定，比如，参照劳动力市场行情制定职务工资等级表，等等。

从原则上说，每一个员工都可以成为命运共同体成员。企业可以通过强化经济机能挖掘员工的潜质，培养员工的才能，使更多的员工成为命运共同体或事业共同体的成员，而不是停留在利益共同体层面上，做一个打工者。

8

强化经济机能

　　企业就是由一群平凡的人以平常的资源，依靠内在的经济机能干出不平凡的事业，创造出不平常的价值。

　　一群平凡人形成的经济机能的创富逻辑是简单的，就是在专业化分工的基础上构建一体化的关系体系，以自然力代替人力提高效能，包括以机器、设备、工具、动力、技术、知识、信息以及资源的配置方式提高劳动生产率，提高价值创造的能力，提高盈利能力。进一步说，这种创富谋利的能力还来自战略经营领域的选择，来自经营模式或价值创造流程的结构，一种系统化的结构性力量。

　　企业创富谋利的经济机能中存在着一个致命的缺陷，这就是利润的分配问题。我们知道销售收入减去成本、费用和税金就是税后利润。税后利润应该如何进行分配？这个问题始终没有得到企业界认真地解决，导致做法不一，有利润分享计划，有股权分享制度，等等。

可谓八仙过海，各显神通。

总体上，资本的逻辑在其中起着主导作用，使经济机能中缺少足够的、可持续的内在动力。

迟至20世纪末，这种经济机能还能有效地发挥作用。企业所面对的经济环境是，成熟的产品与不成熟的需求，市场竞争的焦点还在于效率、成本与价格。

进入21世纪以后，企业面对的经济环境改变了——成熟的需求与不成熟的产品，两者正好颠倒过来，表现为供求关系逆转、供求结构不合理、产能和产量过剩，等等。可以说，是企业传统的经济机能导致了这一切，导致了这个结果，并使传统的经济机能本身变得不合时宜，变得过时了。

一些企业在强化经济机能的过程中做对了，与时俱进，这就是在实施利润或股权分享的同时强化价值创造流程，建立流程化的部门及部门结构。按照责权利对等的原则，强化流程各环节的经济权力，一种有关流程中事项的决定权，这也称"事权"，而不是支配资源的权力。

另外一些企业则背道而驰，最典型的就是4P大战，即产品大战、价格大战、渠道大战、促销大战，美其名曰营销。降价促销的结果是利润空间锐减。有意思的是，有些企业在边际利润率趋于零的情况下继续放货冲量，企图依靠现金流量活下来，成为现金流量依赖型企业。众所周知，这类企业往往成为房市与股市虚高的推手，导致这些产业的社会再生产循环陷入困境。

不仅如此，企业内在的经济机能也开始恶化。恶化的主要标志是政治机能以及行政权力不断强化，不断剥夺价值创造流程中的经济权力，从而使经济机能丧失了价值创造的活力，在行政权力系统的指挥棒下成为完成 KPI 指标的手段。

思考题

1. 为什么需要企业机能?

2. 为什么需要系统治理?

3. 为什么企业缺乏社会机能?

思考题答案

第1章

1. 工商企业是经济领域的一个组织机构，还是产业社会中的一个组织机构？

工商企业是产业社会中的一个组织机构。产业社会是由一个个组织机构组成的，其中最重要的是工商企业。每个组织机构都参与到社会再生产的循环之中，共同为一个社会的正常运行做贡献。

产业社会的本质特征是社会化的分工。社会化分工的程度不断提高，各类组织机构相互依存、相互作用，互为供求关系，谁也离不开谁。按照德鲁克的说法，产业社会是机构型的社会。意思是，社会的运行是在各类组织机构之间进行的。

这与自给自足的家庭社会完全不同。家庭社会以家庭为单位，每个家庭在一个狭窄的区域内就可以完成再生产循环，对外部其他家庭的依赖程度很低。按照老子的说法，鸡犬之声相闻，老死不相往来。

我们不能把产业和社会这两个词割裂开来，把前者称为经济领域，把后者称为社会领域，进而把工商企业当作经济领域中的一个经济组织或营利组织。

2. 工商企业是一个社会共同体，还是一个以营利为目的的经济组织？

工商企业应该是产业社会中的共同体。在高度社会化分工的基础上，每一个参与分工的劳动者都应该共同占有生产资料，形成一体化的关系体系，形成相互作用和相互依存的共同体。每个劳动者都是共同体的成员。

如果工商企业只是一个单纯的经济组织，那么分工之后就很难一体化，很难在社会/心理层面上一体化，或者说，很难在志趣和情感上一体化。尤其当少数人构成的利益集团可以把一个工商企业当作自己牟利手段的时候，分工之后的一体化就变成一个极大的难题。

随着供求关系的逆转，知识劳动者成为企业的主体，以及互联网时代的来临，把工商企业当作一个纯粹的经济组织终将不合时宜。

3. 劳动分工之后的一体化，是管理还是组织？

一体化就是组织，反言之，组织就是一体化。组织状态就是一体化的状态，组织起来就是实现一体化。劳动分工之后的一体化是一个组织的命题，而不是管理的命题。

管理是分工一体化关系体系的一项职能，为了充分发挥分工一体化关系体系的效能。分工一体化关系体系应有的效能，存在于分工一体化关系体系之中。作为一种可能性，有什么样的分工一体化关系体系就有什么样的效能。把这种可能性转化为现实，靠的是管理职能。

管理作为一种外因，必须通过分工一体化的关系体系的内因起作用。管理不是赋能，而是激发与挖掘潜能。

第2章

1. 什么是企业的宗旨？

俗话说，百变不离其宗。宗旨就是做人做事的准则。一个人如果没有准则，知人知面不知心，说变就变，变得离谱，变得不着边际，那么别人就不认识你，别人就不敢认识你。

企业也一样，必须确立企业的宗旨，确立企业的准则。企业的宗旨就是基本原则，主要包括顾客原则、员工原则和合作者原则。

企业的宗旨或基本原则强调的是"遵守"，强调每一个成员必须遵守。它与价值观或核心价值观不同，后者强调的是"认同"。企业的基本原则成员必须遵守，无论你内心认同还是不认同，在行为表现上都不能违背，必须遵守，否则就要受到惩罚。

宗旨或基本原则是守则，核心价值观是导向，两者的侧重点不同。

2. 为什么顾客是第一原则？

顾客是企业存在的价值和理由，离开了顾客就失去了存在的价值，失去了存在的理由。说白了，企业就没有存在的必要。

企业确立顾客的原则还关系到两个再生产的循环：一个是社会再生产循环，另一个是企业再生产循环。

社会再生产循环是在企业之间进行的，每个企业如果都能以顾客为原则，就能确保社会再生产的循环。企业的再生产循环是在各个部门和各个职务之间进行的，确立顾客原则就能形成企业内在的统一性，就能形成内在统一的力量，企业就能在社会再生产循环中发挥应有的作用，获得应有的地位。

道理上大家都这么说，但实际上大家并不都这么想、这么做。其根本的原因是，产业社会还存在着另外完全对立的观点，即企业以盈利为目的，企业的目的就是利润最大化，等等。这个观点的产生是有历史原因的，而面向未来，这个观点已经过时。

至少有三件事情催生了我们这个产业社会，并确定了产业社会的发展逻辑，即斯密的分工理论、瓦特蒸汽机的工业应用与美国的独立宣言。有意思的是，这三件事情都发生在1776年。

分工理论开启了工业化的大门。蒸汽机给工业化注入了动力，使一个社会的生产活动领域走上了以机器代替人力，或以自然力代替人力的道路。《独立宣言》强调天赋人权，打破了西方社会传统的秩序与结构，为资本主义生产方式的确立奠定了合法性基础。

产业社会的形成是从鼓励工商业者创办企业开始的，鼓励工商业者依靠企业的形态获利，通过大规模的配置资源，以自然力代替人力，大规模地创造物质财富，大规模地开发与争夺市场，大规模地获取剩余价值或利润。可以说，从工厂制到公司制，企业的资本主义性质与目的从一开始就已经确定了。

然而，产业社会自诞生以来，在短短的200多年时间里，一直动荡不安，值得我们反思。产业社会的文明与祥和意味着一部分人先富起来，然后走向共同富裕的道路，让更多的人过上体面的生活；而不是两极分化，使整个社会退化到丛林世界，弱肉强食。

面向未来，人本主义的生产方式已经开始，工商企业的性质应该随之改变，应该以顾客为目的，而不应该以盈利为目的。

3. 为什么员工是第二原则？

日本的稻盛和夫在二战后创办了两个世界级的企业，他的实践表明，确立员工原则是重要的。他强调，公司永远是员工生活的保障、员工心灵的归属，并确保员工做人的尊严。

企业如果是一个共同体，那么员工就是共同体的成员，企业的事就是全体员工责无旁贷的事，企业就有可能形成一种内在的自觉、自愿、自动、自发的整体力量，为顾客创造价值。

如果企业不是一个共同体，企业与员工是雇用关系，就很难获取这种整体的内生力量，只能依靠机器来代替人力，让员工按照机器的要求去做，抑制或排斥员工普遍的天赋和创造性。这对人力资源是一种极大的浪费或闲置，显然不适合知识经济时代。

如果企业与员工是雇用关系，那么企业就是少数人的利益集团，绝大部分员工就成了打工者，这一点也不合时宜。

第3章

1. 使命与愿景的区别是什么？

使命是社会赋予企业的任务与责任。愿景是企业及其全体成员希望达到的理想状态。前者强调的是责任的担当，后者强调的是希望的结果。

人们普遍认为，付出就会有回报，使命和愿景应该是有联系的。当一个企业愿意为社会付出的时候，就会得到社会的回报。

很多企业的愿景都很恢宏，500大、500强、500年。凭什么？当然不能凭索取，更不能凭巧取豪夺，只能凭企业确立的使命，在产业社会的根本需求上确立的使命。

伟大的企业一定肩负着一项伟大的使命，一定是使命在身的企业。这并不意味着某种神谕，或冥冥之中有神的召唤，而是意味着企业家本人的觉悟，或基于社会的某种情怀。

从这个意义上说，真正的企业家是一群觉悟了的人，是有社会情怀的人。企业内在的凝聚力和感召力由此而生。

创业者和创业家并不一定是企业家。很少有人觉悟之后才去创办企业。企业家是历练出来的，通常需要经历挫折才会逐渐觉悟，懂得做成一个企业、一番事业的内在道理。

一个人的觉悟有早有晚，有究竟和不究竟之分。因此企业什么时候确立使命都可以、都不晚，把别人的使命拿过来，贴在自己的墙上，也不算丢人。

企业必须清楚，愿景必须在天长日久中经过持续的努力才能实现，只有经过使命的牵引才能实现愿景。普遍的志趣和工作热情是由使命感召的。组织起来的力量来自使命，而不是来自愿景，更不是来自500大、500强、500年，或私利的诱惑。

2. 如何理解利润之上的追求？

马克斯·韦伯认为，西方的崛起与新教伦理和资本主义精神有关。新教强调因信称义或因信成义。说白了，一个人是否得救取决于他是否始终不渝地相信上帝。然而一个人最终能否得救，却是一个未知数！人们只能通过上帝颁布的恩典，去一点一点地感知自己是否已经被预判得救。

对工商业的新教徒而言，这个恩典就是利润，利润就是上帝给工商业者颁布的恩典。换言之，看到了利润，表明自己有可能被上帝预判得救；看不到利润，表明自己可能没有被预判得救。因此，在新教流行区域，人们生活的主旋律就是挣钱。

由于利润是上帝颁布的恩典，所以不能随意挥霍，必须投入再生产循环，为上帝赋予的使命恪尽职守，包括坚守本行、精益求精。这就有了所谓的资本主义精神。

与此相联系，人们不会把利润当作个人的财富，更不会把有钱人当作财智人物，或更有才能、更聪明的人。相反，人应该越有钱越虔诚，以彰显上帝的智慧，而不是辱没上帝的神明。

当西方人摆脱贫困落后和被动挨打的局面之后，一切发生了改变。变是不变的法则，尤其是工业化之后，整个社会转向金钱本位，平添了一个金钱拜物教。就像物理世界统一于力一样，产业社会统一于金钱，称为金钱社会，相应的理念就是金钱至上、利润至上。人类社会的文明进程发生了逆转，崇尚野蛮的丛林法则，弱肉强食，或物竞天择，适者生存。

韦伯的观点有一定的局限性。达尔文的理论和牛顿的力学成了西方的世界观与方法论，这个世界已经改变。企业追逐利润的结果是使产业社会动荡不安，并使人类面临着毁灭的威胁。

这才有了德鲁克著名的论断，企业只有一个恰当的定义，这就是创造顾客。这是产业社会维持正常运行，或人类社会可持续发展的必要条件。

利润只是一个约束条件，表明企业有能力创造顾客，或为顾客创造价值。见不到利润，表明企业没有能力，满足不了约束条件。企业只有在满足约束条件的基础上，才谈得上为顾客创造价值。这就是利润之上的追求。

3. 为什么企业倒闭是常态？

有个现象大家是认可的，工商企业的平均寿命到不了人的平均寿命的一半。什么原因？众说纷纭，莫衷一是。应了这样一句话，幸福的家庭极其相似，不幸的家庭各有各的不幸。幸福看来是有道的，企业的长寿也应该是有道的。企业的短命或倒闭各有原因，至少表象上的直接原因是这样的。

梦参老和尚说过这样一句话：使命没完成，想死都死不了。他活了102岁，80多岁的时候还得了癌症，带癌生活了十多年。看来企业的长寿与使命直接相关，有使命是企业长寿的基因。由此推论，没有使命是企业短命或夭折的原因，是诸多企业倒闭的根本原因。

使命通常指的是社会对企业的一项根本需求。只有这项根本需求存在，企业才有存在下去的理由。如果社会没有这样的需求，或者需求消失了，那么对应的企业就没有必要存在下去了，对企业来说算是使命完成了。

作为社会的一项根本需求，通常不会由一个企业承担，竞争永远是一种客观存在。竞争伴随着创新，使一些企业胜出，一些企业败退。这与企业有无使命无关，而与企业是否认真履行使命有关。使命可以使一个企业变得更加执着，一心一意、专心致志、心无旁骛。而那些对使命不那么专注，或三心二意的企业，就有可能败下阵来。

遗憾的是，很多企业崇尚的是资本主义的生产方式，强调的是资本市场的逻辑，至少在企业中保留了两种相互抵触的发展逻辑，很难专心致志地追求自己的使命与事业。进而，在资本逻辑的左右或掣肘下，很难结成一个共同体，一个劳动者共同事业的结合体。从而很难一心一意地依靠所有参与分工的劳动者，依靠他们度过周期性的经济危机及困境。

很多企业的通常做法是裁员，把经济危机乃至领导阶层决策的失误转嫁到员工头上，而不能像丰田那样，抱团取暖，共渡难关。1950年前后，丰田濒临破产，公司上下齐心协力，勒紧裤腰带过苦日子，一度以生产和销售铁壶维持收入和生计。

企业是共同劳动者的集团，只要结成共同体，抗风险的能力自然要比个体大得多，完全没有理由倒闭。

第4章

1. 战略和策略的区别是什么？

战略是指导行动的基本意图和方向。对企业来说，这个基本的意图和方向就是把企业的核心能力引导到顾客的需求上去，并使两者产生良性互动，在不断满足顾客需求的过程中，使企业的核心能力不断得到发展。

随着市场竞争加剧，企业的战略必须考虑并加入竞争因素，以维持企业、顾客和竞争者三者的平衡，维持"发展企业、成就顾客和超越对手"三者之间的平衡。最终的落脚点是维持企业再生产的良性循环。

可以说，战略是一件事情，是一个有关企业前途和命运的基本决策，以明确整体的意图和行动方向。这个整体意图和方向的内涵是确定的，即把企业的核心能力引导到顾客的需求上去。发展企业，成就顾客，并且能够不断超越竞争对手。

一般而言，战略作为一件事情，要弄清楚究竟有哪些方面以及哪些因素决定着企业的前途和命运，并在那些重要的方面与关键的因素上建立内在的联系，形成基本意图，指明行动方向。

毫无疑问，战略包含智谋，但不等于智谋。退一万步说，做任何事情都需要智谋。企业的生存和发展需要大智慧。明确企业生存和发展的意图与方向，就是企业的战略或战略选择。

做任何一件事情都要讲究智谋，讲究策略，依靠智谋或策略弥补资源、条件和能力上的不足。

值得一提的是，策略必须立足于现有的资源、条件和能力，使策略变得更有力量，可谓借力。即便不能得手，也能使企业的资源、条件和能力得到强化，为进一步的策略选择创造条件，确保策略的连续性，形成策略流。

搞不清楚战略和策略的区别就有可能把战略做成策略，成了谋求业绩的手段，成了投机的手段。最重要的是，很多企业因此混淆了战略导向和业绩导向之间的区别，依靠投机的思维谋求销售收入和利润，还美其名曰跨越式发展战略。

2. 什么是经营模式？

按照波特的观点，经营模式就是依靠一组经营活动之间的相互强化作用，系统有效地为顾客创造价值，包括维持生产效率与消费效应之间的平衡，维持供求之间的平衡。

企业的实质是一个价值创造体系，依靠价值创造体系的能力维持与顾客之间的联系，并获取自身存在的价值与理由。这个价值创造体系表现为企业的经营模式，表现为经营活动之间的相互关系。

企业战略的目的是把企业价值创造的核心能力引导到顾客的需求上去，反过来依靠企业所联系的顾客，不断强化企业价值创造系统的能力，尤其是价值创造的核心能力，在激烈竞争的环境下，就称之为核心竞争能力。因此，战略实现的基本手段就是构建企业的经营模式。经营模式就是企业战略的实现方式。

企业永远不能忘记的是，支撑企业战略的是价值创造能力系统及其表现形式（经营模式）。企业在战略实施过程中，不仅要持续满足顾客的需求，而且要不断地根据顾客需求的变化，提高企业创造价值的能力，强化企业的经营模式。

如果企业只关注表面的业绩增长，而忽略了创造价值的能力及其经营模式的强化，那一定背离了战略，很有可能走上了业绩导向的道路，而不是战略导向的道路。要知道，奇思妙想的策略可以给企业带来业绩的增长。如果背离了价值创造能力的发展，就会动摇企业长期发展的根基。

战略上的集中、聚焦和突破讲的是集中配置资源，聚焦于企业价值创造能力系统，谋求在核心能力上的突破，在某个领域中占据战略的制高点。而不是在市场上集中配置资源，聚焦于销售业务，谋求销售业绩的突破。美其名曰盈利模式、商务模式或生意模式，而实际上是抢钱模式、投机模式或套利模式。在这种疯狂的模式下，企业因相互倾轧进而短命或倒闭是不难想象的。

3. 经营模式分类的依据是什么？

经营模式表达的是企业价值创造系统及其能力，经营模式的分类依据的是企业价值创造的流程，用波特的概念就是价值链或产业价值链。

任何企业都是在产业价值链上展开价值创造活动的，借用波特的概念就是参与一条产业价值链的竞争。企业的经营模式就是构建在这样一条产业价值链之中。

随着企业能力的提高或者竞争的加剧，企业生产经营活动的触角就会沿着产业价值链延伸开来，以维持企业再生产的良性循环。借用波特的话来说就是，前向一体化战略，或后向一体化战略，等等。

开始企业覆盖的价值链条很短，主要从事产品的生产与销售，称为产品经营模式。那个时候,企业经营的是产品以及产品的供求关系。

随着竞争的加剧,以及产销规模的持续扩大,一些企业会逐渐延伸活动的触角,延伸到流通领域和零售环节,或者延伸到原辅料的供应领域,覆盖的价值链条逐渐变长,称为企业经营模式。

到了这个时候,企业必须谋求持续经营或交易的基础,从经营"产品"转向经营"人",转向经营上下游的利益相关者,转向经营供求关系者,以维持企业再生产的良性循环。

企业只有转向企业经营模式,才有可能持续发展为大企业。按照钱德勒的说法,在美国产业发展的历史上,那些能够把活动触角延伸出去,并依靠管理职能把生产、流通、交换、消费等环节的相关利益者协调起来的企业,后来都成为大企业。

有意思的是,这些懂得维持企业的再生产循环是第一要务的大企业,这些懂得基于产业价值链构建起强大经营模式的企业还会持续发展,最终成为产业价值链的组织者,成为产业价值链网络的组织者,构建起产业经营的模式。

有了产业价值链的组织体系,这类企业就具有了抗拒经济周期性危机的能力,依靠自己组织的产业价值链网络及其生态,维持再生产的良性循环。

这也许是日本三井帝国在经营上稳如泰山的原因。相比之下,那些只知道规模经济、量产量销的企业，只知道引领或影响市场需求趋势的企业，或者只知道掌控核心技术及其控制技术标准的企业，在维持再生产循环方面就艰难得多了。

第5章

1. 为什么要流程化？

企业的本质是一个价值创造系统。这个价值创造系统是在专业化分工的基础上形成的。由此形成了内部的价值创造流程，也称内部价值链。换言之，企业的价值创造系统表现为内部的价值链。

我们知道，专业化分工与规模化直接相关。分工越细，产销规模越大；规模越大，专业化分工程度就越细。在大规模分工体系下，每个参与共同劳动的人都只从事有限的工作，按照企业内部价值创造的流程，从事有限的价值创造和转换工作。

企业作为价值创造系统，最自然、最基本、最有效的组织方式或一体化方式就是流程化。这一点我们可以从古罗马军队的组织方式中得到验证。

公元前3世纪，罗马军团的建制是流程化的，基本特征是以任务为导向，而不是以专业为导向。

第一，建立基本单元"十人组"，由十夫长领导。按照作战行动的要求配置不同专长的人员，形成分工一体化的关系。

第二，组合成"百人队"，由百夫长领导，形成基本作战单元，具有最基本的战斗功能。

第三，组合成"千人大队"，由千夫长领导，形成基本战术单元，具有谋阵布兵的策略功能。

第四，形成罗马军团。一个罗马军团由十个"千人大队"组成。当时一个罗马军团大约有 5000 人。实施一场战役往往需要若干个罗马军团。

史家称，罗马军团以高效能、适应性与机动性征服了地中海沿岸地区。

2000 多年以后，福特在生产活动领域实现了流水生产方式，以极高的效能打败了当时所有的对手。

2. 为什么没做到流程化？

部门作为业务单元或专业职能单位，应该完全按照价值创造流程来构建，建成一个个流程化的部门，并且在流程的节点上形成一个个功能型团队。

然而，大部分企业为什么没能建立流程化的部门，形成流程化的部门结构？

其根本原因是没有一开始就发展内部价值创造的流程，不知道企业在 0～1 的创业期就必须关注企业价值创造的能力，并在分工的基础上形成价值创造流程。

具言之，把例外的事件例常化，形成做事情的规范，并授权当事人按规范的要求做对做好，一步一步地形成做事情的流程，也就是把每个人所做的事情衔接起来，并使做事情的流程自然通过。

这是一项艰苦卓绝的事情，并且是一开始就应该坚决做对的事情，需要点点滴滴地把经历过的事情转化为规范，包括工作内含的规范化与工作行为的规范化。经过天长日久的努力，一步一步地把每个人编织到工作流程之中去。这是真正的组织，即分工之后的一体化。

很遗憾，很多企业从一开始就没有意识到这是头等大事，没有认真花工夫去做这件事。随着企业逐渐做大，人员越来越多，流程化就变得复杂而难以操作，以往的成长和成功的经验都已经被淹没在历史尘埃之中，难以追溯和追忆，无法实事求是地建立价值创造流程。

更难以驾驭的是劳动者的习惯。流程化的意识和习惯必须在企业规模很小的时候，甚至在企业的创业期就要培育。培育出最初的种子选手，经过他们的传帮带，像滚雪球一样，让更多的新进员工获得流程化的意识，养成流程化的习惯。

最终的结果一如现实，即按照专业归类或合并同类项，把每一个人塞进专业化的部门，依靠行政权力系统及各级经理人推动事情一件一件地落实，即所谓的科层制。在科层制下，每个人个性上的天赋、主观能动性与创造性自然被压抑，被排除在价值创造系统之外。与此相对应，行政权力体系及其长官的意志大行其道。

3. 三条价值链的统一性是什么？

企业内部三条价值链的统一性是顾客。企业依靠顾客的关系链持续深化与顾客的联系，把握顾客现实的需求，以及未来需求变化的趋势，形成关于顾客需求的知识系统和经验数据库，为产品的供应链与产品的开发链提供创造价值的前提。

至今为止，产业社会依然处在产品经济的时代，绝大多数企业依然通过产品来满足顾客的需求。顾客依然习惯于为产品买单，为产品支付价格。企业与顾客之间依然处在陌生人之间的产品交易阶段。

面向未来，供求关系已经逆转，消费者主导市场的时代已经开始。顾客需要的不仅是产品，更重要的是追求合乎各自价值理念的生活方式及人生体验。市场竞争的焦点转向顾客，有效的竞争手段就是在深化与顾客的关系的过程中，走进顾客需求链，走进顾客的生活方式。从卖产品转向卖服务、卖生活方式。

企业将更多地利用互联网手段与更多的消费者建立直接的联系，形成供求一体化关系体系或商务型社区，并不断推动消费者进入数字化生存的方式，以及建立数字化生存的能力，为消费者数字化生存的方式提供各种人生体验。

这并不局限于产品与服务，尤其不局限于企业自己生产或提供的产品与服务。企业将按照顾客生活方式的要求，提供资讯、代客采购，或者直接提供资金、资源、条件、创意、关系和人才，支持和帮助顾客实现自己的追求与梦想。

也许企业的三条价值链不会改变，但是三条价值链的内涵将发生根本性的改变。顾客的关系链将进一步扩展开来，成为消费者生存方式的组织者。产品的供应链与产品的开发链将进一步开放，向产业价值链延伸，成为产业价值链网络的组织者，成为第三方技术平台，与第三方产品平台的整合者。

第6章

1. 为什么需要企业机能？

企业是一个有机的整体，不仅充满着各种技术与经济的活动，而且充满着人的心理活动和社会活动。客观上企业需要建立健全的内在机能，在高度专业化分工的基础上，形成一个有机的整体，使各项活动协调起来，指向为顾客创造价值的能力。

企业分工之后的一体化即组织，包含两个方面：技术/经济的一体化与社会/心理的一体化。决定一体化进程与程度的是企业机能，主要是基本的或基础的三项机能。

比如说，技术/经济的一体化进程慢、程度低，直接原因就是企业的经济机能弱。经济机能弱往往是因为政治机能不够强大，或者说，企业调动资源和各种力量的能力不够强大。可以说，企业机能的强弱决定了企业的组织化程度及其进程。企业的机能不只是抽象的概念，还有着特定的内涵。比如说，经济机能集中体现在企业的经营模式及其创造价值的能力上。过去,这种价值创造的能力或经济机能,说到底,就是"机器系统",一种以机器代替人力的系统。未来,这种价值创造的能力或经济机能,说到底,就是"知识系统",一种以知识代替人力的系统。

这种系统就像人体的机能一样,是内在的、无形的,只能通过意识去把握它的存在。这种在意识上辨析出来的概念是有意义和价值的。比如说,我们在发现企业创造价值的能力或经营模式偏弱时,就应该想到是经济机能的问题,应该花大力气去强化机器代替人力的机器系统,或者花大力气去强化知识代替人力的知识系统,等等。

企业的强盛靠的是内在机能,像人靠本事吃饭一样,要始终不渝地提高自己的能力。在经济机能方面,企业要排除一切困难,去强化机器系统和知识系统。

2. 为什么需要系统治理?

绝大部分企业都处在"处理"的状态,用古人的话说,兵来将挡,水来土掩;用德鲁克的话说,经理人员往往被现实的压力牵着鼻子走。企业要想进入"管理"状态,必须经过一个漫长的"治理"过程。

企业是一个有机的整体,类似一个有机的生命体,不宜动外科手术,需要系统地调理,促进各种因素的良性转换,调理出一种健康的状态。德鲁克说过,除非威胁生命,否则绝不动外科手术。

治理就不是一蹴而就的事,而是需要足够的时间,不能操之过急，必须有理有利有节，把握机会进行治理。

治理是一项系统工程，必须由此及彼，由表及里，才能使方方面面协调起来，进入系统的管理状态。否则，治标不治本，按下葫芦浮起瓢，最终仍返回原本的"处理"状态。

比如说，在知识劳动者为主体的企业中，如果不能有效地建立起知识系统，以及相应的基于顾客需求的经验数据库，就难以发挥每一个知识劳动者的主观能动性，并且难以认同他们的自由意志与行为。人本主义的生产方式最终还是确立不起来，尤其是以知识代替人力的效能提高不了。事情只能回到过去的状态，依靠行政权力体系以及各级经理人员的努力，自上而下地分配指标，推动全体成员完成业绩。

为了调动各级经理人员的积极性，企业当局会把利益的杠杆向经理人员倾斜，这就更加剧了企业业绩导向的倾向，使企业失去了长期发展的内在力量，等等。

3. 为什么企业缺乏社会机能？

绝大部分企业缺乏内部的社会机能，根本的原因是，企业当局没有把企业当作一个共同体，并且没有把员工当作企业共同体的成员。与此相对应，员工只把自己当作打工者，只有打工意识，没有公民意识。

尽管组织行为学一再强调员工的企业公民意识，而在现实中，在雇用关系的企业中，员工普遍缺乏公民意识。在这种情况下，企业的社会机能很难培育出来。每个进入企业的员工都必须准备好时刻离开，成为一个对企业无责任感的打工者。

很多企业当局对社会机能缺乏理解，认为可有可无。在资本主义生产方式下，企业并不需要普遍获取个性上的天赋、主动性和创造性，事情更是这样。

这些企业主要依赖政治机能的强化来维持劳动者的工作动机和热情。政治机能内在的核心内涵是权力机构。政治机能的强化往往使内在的权力结构失衡，尤其是在社会机能被忽视的情况下，在员工的权益与诉求被忽略的情况下，行政权力系统就会失去制衡。

传统的政治机能往往会在"竞争"与"趋利"的双重压力下，变得亢奋而不断强化。这种政治机能的强化意味着社会机能的弱化，以及自身的恶化。

在传统的政治机能下，各级经理人员的权力范围及大小是由行政级别决定的，并不是由经济机能与职责派生出来的，不是从企业的价值创造流程中派生出来的。借用管理学教科书的说法，没有责任的约束，权力一定会被掠夺和滥用。至少在企业价值创造流程中情况就是这样，经理人手中的权力多用于当期业绩指标的完成，而不是企业长期价值的培育。

经理人员作为政治机能的贯彻落实者，与价值创造流程中的工作者并不是一个整体，两者是对立的关系，在西方公司称为劳资关系。

各级经理人员并不能为下属员工的成长、做好工作、完成业绩，以及晋升等人事待遇上的好处，承担完全的责任。

企业要调整经理人员的立场，使他们在价值创造的流程上找到职位，成为下属员工的同僚或同事，共同打造价值创造流程，共同为价值创造做贡献，所谓"共创"；在分担责任的基础上，分享成就与成果，分享共同劳动的经验与愉悦，所谓"共享"；并分享企业的长期价值，分享企业创造价值的能力、盈利能力或股权，所谓"共有"。

否则，经理人员就会把下属当作异己的力量，当作执行指令的工具，并不断强化指令的发布系统，强化指令的支配力和影响力。

在政治机能强化并恶化的进程中，很多企业又回到了历史开始的地方，员工成了生产力要素，成了劳动力商品。

后　　记

企业是什么？

企业就是分工一体化的关系体系。

管理是什么？

管理就是构建并深化分工一体化关系体系的职能。

我写《企业的本质》和《管理的本质》这两本书的目的不是想得出这两个结论，何况这两个结论并不重要。这两本书以及《营销的本质》的出版对我本人很重要，我的使命完成了，这回真的可以退休了。

非常感谢机械工业出版社华章公司，感谢王磊、石美华和张竞余。

这几本书的完成，对包子堂的伙伴们也是件非常重要的事情。他们一直期待着，非常确信我能完成。究竟能写成什么样子，谁也不知道。要不是他们的厚爱与期待，我下辈子也未必能完成。

非常感谢包子堂的研发团队，感谢张林先、孙伟、郝剑青、肖岚、Stefan Zimmermann，他们提供了很多帮助，诸如案例研究、观点与措辞质疑，并且一遍又一遍审阅稿件。

非常感谢包子堂的伙伴们，感谢何明强、陈会杰、熊壮、赵士宏、韩勇、李庆、郑坤、杨馥嘉、王颖、高建明、林素梅、卢向明、吕亚玲、付东、刘丽莎。

最后，要感谢我的妻子郝慧娟，她一直承担着家里几乎所有的事情。

包政
2018 年 1 月 3 日

参 考 文 献

[1] 弗雷德里克·泰勒. 科学管理原理 [M]. 马风才, 译. 北京: 机械工业出版社, 2007.

[2] 亨利·法约尔. 工业管理与一般管理 [M]. 迟力耕, 张璇, 译. 北京: 机械工业出版社, 2007.

[3] 切斯特·巴纳德. 经理人员的职能 [M]. 王永贵, 译. 北京: 机械工业出版社, 2007.

[4] 彼得·德鲁克. 管理: 使命、责任、实务 [M]. 王永贵, 译. 北京: 机械工业出版社, 2006.

[5] 彼得·德鲁克. 卓有成效的管理者 [M]. 许是祥, 译. 北京: 机械工业出版社, 2009.

[6] 赫伯特 A 西蒙. 管理行为 [M]. 詹正茂, 译. 北京: 机械工业出版社, 2004.

[7] 安迪·格鲁夫. 给经理人的第一课 [M]. 巫宗融, 译. 北京: 中信出版社, 2007.

[8] 亨利·明茨伯格. 管理者而非 MBA [M]. 杨斌, 译. 北京: 机械工业出版社, 2005.

[9] 亚当·斯密. 国富论 [M]. 唐日松, 等译. 北京: 华夏出版社, 2005.

"日本经营之圣"稻盛和夫经营实录
（共6卷）
跨越世纪的演讲实录，见证经营之圣的成功之路

书号	书名	作者
9787111570790	赌在技术开发上	【日】稻盛和夫
9787111570165	利他的经营哲学	【日】稻盛和夫
9787111570813	企业成长战略	【日】稻盛和夫
9787111593256	卓越企业的经营手法	【日】稻盛和夫
9787111591849	企业家精神	【日】稻盛和夫
9787111592389	企业经营的真谛	【日】稻盛和夫